HEGEL
ET L'ÉCOLE DE FRANCFORT

Ouverture philosophique

Collection dirigée par Aline Caillet, Dominique Chateau, Jean-Marc Lachaud et Bruno Péquignot

Une collection d'ouvrages qui se propose d'accueillir des travaux originaux sans exclusive d'écoles ou de thématiques.

Il s'agit de favoriser la confrontation de recherches et des réflexions, qu'elles soient le fait de philosophes « professionnels » ou non. On n'y confondra donc pas la philosophie avec une discipline académique ; elle est réputée être le fait de tous ceux qu'habite la passion de penser, qu'ils soient professeurs de philosophie, spécialistes des sciences humaines, sociales ou naturelles, ou... polisseurs de verres de lunettes astronomiques.

Dernières parutions

Pierre ZIADE, Généalogie de la mondialisation, analyse de la crise identitaire actuelle, 2015.
Hamdi NABLI, *Foucault et Baudrillard : la fin du pouvoir*, 2015
Richard GROULX, *Michel Foucault, la politique comme guerre continuée. De la guerre des races au racisme d'État*, 2015.
Miklos VETÖ, *De Whitehead à Marion. Éclats de philosophie contemporaine,* 2015.
Auguste NSONSSISSA, *Recherches philosophiques sur les théories des formes complexes*, 2015.
Nikos KAZANTZAKIS, *Friedrich Nietzsche et la philosophie du droit et de l'État*, 2015.
Thierry HOULLE, *Eau et reflets dans la philosophie de Platon*, 2015.
Paul DUBOUCHET, *Tout comprendre avec René Girard du moi aux grands problèmes actuels*, 2015.
Jean-Claude JUGON, *L'âme japonaise. Essai de psychologie analytique transculturelle,* 2015.
Michel FATTAL, *Existence et fatalité.* Logos *et* technê *chez Plotin*, 2015.
Ivan NEYKOV, *Le sens du Bien. Heidegger, interprète de Platon*, 2015.
Jacqueline MARRE, *Adorno et l'Antiquité. D'Ulysse à Médée*, 2015.
Arno MÜNSTER, *Espérance, rêve, utopie dans la pensée d'Ernst Bloch (six conférences)*, 2015.
Guy-François DELAPORTE, *Seconds analytiques d'Aristote, Commentaire de Thomas d'Aquin*, 2015.

Philippe Fleury

HEGEL
ET L'ÉCOLE DE FRANCFORT

L'Harmattan

Du même auteur

« Georg Lukács, Ernst Bloch et l'expressionnisme »,
La Pensée, n° 284, nov.-déc. 1992.

« Dialectique négative et hégélianisme »,
La Pensée, n° 293, mai-juin 1993.

« Horkheimer et la philosophie de l'histoire »,
La Pensée, n° 298, avril-mai-juin 1994.

« L'ange comme figure messianique
dans la philosophie de l'histoire de Walter Benjamin »,
Archives de sciences sociales des religions, n° 78, 37ème année,
avril-juin 1992.

« Lumières et traditions,
Jürgen Habermas face à Hans-Georg Gadamer »,
Philosophie, Institut catholique de Paris,
Comprendre et interpréter, éditions Beauchesne, 1993.

5-7, rue de l'Ecole-Polytechnique, 75005 Paris

http://www.harmattan.fr
diffusion.harmattan@wanadoo.fr

ISBN : 978-2-343-06304-1
EAN : 9782343063041

A. Naissance de l'Ecole de Francfort

A l'origine, l'Ecole de Francfort résulte d'un décret daté du 3 février 1923, dépendant du ministère de l'Education. Elle consacre au sein de la République de Weimar la reconnaissance officielle du marxisme universitaire ainsi que de la psychanalyse. Plus précisément, le décret prévoit la fondation d'un Institut de Recherches Sociales (*Institut für Sozialforschung*) sur la proposition de Gerlach datant de 1922. L'origine précise de l'Institut prend racine dans les milieux juifs. Ainsi, Félix J.Weil[1], docteur en sciences politiques, organisa en Thuringe en 1922 une recherche marxiste, avec comme participants Lukács, Korsch, Pollock[2], Wittfogel[3]. Seuls les deux derniers seront à proprement parler membres de l'Ecole.

Une certaine ambiguïté plana quant à la nomination officielle de l'Ecole, qui devait s'appeler : « Institut pour le Marxisme » ou encore : « Institut Félix Weil de recherche sociale ». L'ouverture officielle n'eut lieu cependant que le 22 juin 1924. Après le décès de Kurt Albert Gerlach, en octobre 1923, Carl Grünberg assuma la direction de l'Institut jusqu'en 1930. Durant cette première période, marquée par nombre de monographies économiques, ce fut la revue *Archiv* qui représenta l'Ecole à laquelle se substituera la *Zeitschrift* en 1932.

Dès avant la seconde guerre mondiale, l'Ecole s'est fragmentée et de multiples annexes furent ouvertes. En 1931, fut ainsi créée une annexe de l'Institut à Genève[4] sur la proposition d'Albert Thomas, directeur de L'Organisation Internationale du Travail. D'autres annexes virent le jour, à Paris[5] sous la direction de Célestin Bouglé, ou à Londres[6]. Après la guerre, en 1950, l'Institut réintègre les bâtiments francfortois, dans les locaux du *Kuratorium*, plus précisément au sein de la *Senckenberganlage*. Cependant, après le retour en Allemagne, une section américaine de l'Ecole de Francfort continua à exercer aux Etats-Unis, en étant rattachée à la *Columbia University*[7].

B. Orientation sociologique de l'Ecole

Les premières années furent dominées par une sociologie critique avec pour objet l'économie, alors que la Théorie critique philosophique (*Kritische Theorie)* ne prendra le relais qu'avec l'arrivée, à la tête de l'Institut, de Max Horkheimer. Influencé par la social-démocratie allemande sous Weimar, Grünberg entreprit la fondation d'une *Sozialwissenschaft* à tendance positiviste. Notons que la sociologie allemande ne fut pas inconditionnellement d'ordre positiviste mais qu'elle s'ouvrait sur la *Lebensphilosophie* ou la philosophie des valeurs développées au sein des *Geisteswissenschaften.* On peut y reconnaître l'empreinte de Max Weber, de Georg Simmel. Et la sociologie critique reste alimentée par les œuvres de Max Scheler, Leopold von Wiese[8], Adolph Reinach ou Wilhelm Dilthey. Felix Weil et Karl August Wittfogel accentuèrent le type économique de recherche conduit au sein de l'Institut. Henry Grossmann[9] et Friedrich Pollock complétèrent cette filiation.

Précisons que Friedrich Pollock assumera la direction de l'Ecole en compagnie de Max Horkheimer, ce qui dénote bien cette double tendance de l'Institut, à savoir de développer une Théorie critique prenant appui sur une sociologie empirique (ou économique) mais qui garde toutefois ses distances vis-à-vis du positivisme ou du néo-positivisme. Cette orientation économique va se voir tempérée au profit d'études plus directement sociologiques. Telles apparaissent les *Studien über Autorität und Familie* de 1936 et l'investigation menée aux Etats-Unis sur l'antisémitisme. Sont alors éditées en 1949-1950 :

I. *Dynamics of Prejudice : a Psychological and Sociological Study of Veterans* (Dynamique du préjugé : une étude psychologique et sociologique des anciens combattants) par Bruno Bettelheim et Morris Janowitz (1950).
II. *Anti-Semitism and Emotional Disorder* (Antisémitisme et troubles affectifs) : une interprétation psychanalytique par Nathan Ward Ackerman et Marie Jahoda (1950).
III. *The Autoritarian Personality* (la personnalité autoritaire) par T. W. Adorno, Else Frenhel-Brunswik, Daniel J. Levison et R. Nevitt Sanford.
IV. *Prophets of Deceit* (Faux prophètes) par Leo Lowenthal et Norbert Guterman (1949).
V. *Rehearsal for Destruction* (Avant-scène de la destruction) par Paul Massirg (1949).

Durant ces années s'opère une ouverture vers la théorie analytique. Bruno Bettelheim et Morris Janowitz, dans leur *Dynamique du préjugé*, relient Théorie critique et fonction sociale de l'analyse[10]. Nathan Ward Ackerman[11] (1908-1971) et Marie Jahoda mettent en relation syndromes affectifs et préjugés. Sur ce point, relevons le parallèle entre la démarche de Leo Löwenthal, celle de Walter Benjamin et celle d'Erich Fromm dans leur revalorisation du matriarcat de Johan Jakob Bachofen ; revalorisation qui fonde une critique de l'autorité patriarcale basée sur le préjugé.

Le tournant vers l'empirisme sociologique de l'Institut se voit renforcé par l'apport de Paul Lazarsfeld[12]. Sa sociographie est toutefois en marge de l'Institut puisque ses fonctions le conduiront à Princeton et à l'Université de

Columbia (1939). L'Ecole de Francfort forme ainsi un confluent où vinrent se greffer les deux courants de l'économie et de l'analyse ; cette confluence n'ayant pas lieu dans les premières années de l'Institut.

Rappelons que Grünberg est formé à « l'austro-marxisme » de Max Adler[13] et que l'Ecole compte des membres du KPD (*Kommunistische Partei Deutschlands*) dont Wittfogel, Borkenau[14], Gumperz, Sorge. Le second courant de la Théorie critique puise ses racines dans la psychanalyse. Ainsi, l'Institut psychanalytique de Francfort, inauguré le 16 février 1929 fut intégré à l'Université de Francfort. Max Horkheimer entra alors en relation avec Kurt Landauer, fondateur de l'Institut. Hans Sachs, Siegfried Bernfeld, Paul Federn y collaborèrent. Notons enfin l'apport de Wilhelm Reich[15] et de Theodor Reik[16] pour instaurer une thérapie sociale.

Cette confluence de la psychanalyse et du marxisme constitue un aspect essentiel de l'Ecole. Leur inter-relation établit l'un des aspects baroques de l'Ecole, au sens où le discours dominant, tenu par l'Institut, est tour à tour philosophique, politique, sociologique ; c'est-à-dire de l'ordre du fragment. L'unité de l'Ecole est aporétique et porte en elle l'altérité (le dédoublement, la bifurcation) ; catégories essentielles du messianisme inhérent lui aussi aux membres de l'Institut.

Ernst Bloch : rappel biographique

Ernst Bloch est né le 10 juillet 1885 à Ludwigshafen, dans une famille juive allemande. Prototype de l'intellectuel judaïsant, il sera un « Compagnon de route » distant de l'Ecole de Francfort[17]. Son parcours, parallèle à Georg Lukács, va le conduire dans une voie divergente de celle du philosophe hongrois. Ce fils unique écrit à treize ans un essai : *l'Univers vu par l'athéisme*. A dix-sept ans, il rédige un second essai philosophique : *Puissance et essence*[18]. Après le baccalauréat en 1905, il suit les cours de Theodor Lipps à Munich. En 1908, il soutient sa thèse sur la théorie de la connaissance dans le néo-kantisme d'Heinrich Rickert[19], à Würzburg. Dans les années suivantes (1908-1911) lors de son séjour à Berlin, il s'initie à la *Lebensphilosophie* représentée par Georg Simmel qui le mit en relation avec Lukács.

Georg Simmel apparaît essentiel (1858-1918) par l'empreinte portée aux théoriciens de l'anticapitalisme romantique[20] : Ernst Bloch et Georg Lukács, ou encore par la formation de Karl Mannheim, sociologue de la connaissance. De plus, Georg Simmel fréquentant le « cercle Max Weber de Heidelberg » entrait en relation avec Ferdinand Tönnies[21], Karl Jaspers ou encore Emile Lask. Le texte de Georg Simmel, *Philosophie de l'argent*[22], développant les catégories marxiennes de valeur d'usage et d'échange, marquera fortement Georg Lukács et par delà Ernst Bloch.

Le parallèle entre les deux philosophies perdure lors de la première guerre mondiale à laquelle ils marquent une farouche opposition. Ernst Bloch quitte Berlin en 1912 pour Heidelberg et Garmisch, où il rédige *l'Esprit de l'utopie*[23] (1918). Ce texte exposant le « non-encore conscient » marque une rupture graduelle avec le cercle de Max Weber[24].

Dès cette époque, après son mariage avec Else von Stritzky - mariage tragique dans sa destinée puisque Else décède en 1921 - Ernst Bloch découvre l'expressionnisme, marquant son esthétique. Dès lors se creuse un fossé avec Georg Lukács et s'instaure une orientation vers deux philosophies de l'histoire, fondant deux temporalités[25].

Repoussant le nationalisme wilhelminien, Bloch choisit l'exil en Suisse en avril 1917. Il revient à Berlin, suite à l'insurrection spartakiste où il adopte des positions proches de l'USPD (*Unabhängige sozialistische Partei Deutschlands*)[26]. Après l'échec de la révolution en Allemagne, il rejoint Munich et rédige *Thomas Münzer, théologien de la révolution*[27]. Cet intérêt porté au théologien révolutionnaire recoupe l'étude de Friedrich Engels : *La guerre des paysans*[28] et annonce la reconnaissance de la *Philosophie de la Renaissance*[29]. Ernst Bloch s'efforce d'y faire advenir à la conscience le potentiel messianique, à l'œuvre dans la théologie révolutionnaire. Dans ces premiers textes se posent les oppositions du processus à l'état, du dynamique au statique, la trace « à venir » face au monument historique.

A la mort d'Else, Ernst Bloch rentre à Berlin où il réédite *L'Esprit de l'utopie*. Dans le même temps, il rencontre Theodor Adorno, Siegfried Kracauer, Walter Benjamin et, sur un plan plus vaste que la philosophie, il entre en relation avec Bertold Brecht, Kurt Weill, Hans Eisler et Otto Kiemperer. La rencontre avec Theodor Adorno et Siegfried Kracauer précède le développement de l'Institut francfortois, Ernst Bloch apparaissant en marge de l'Ecole de Francfort et accomplissant une visée proprement distincte de la Théorie critique. Dès 1933, Ernst Bloch reprend le chemin de l'exil pour la Suisse où paraît en 1935 l'*Héritage de ce temps*[30]. Il y développe son esthétique expressionniste et une psychologie de masse du fascisme.

L'Héritage (*Erbschaft*) y est vu comme facteur d'ouverture du processus historique et non comme repli sur la totalité close de l'esthétique de Lukács. Le non-encore conscient y apparaît sous les traits de l'avant-garde. De plus, dès 1930, Ernst Bloch avait publié le recueil d'essai : *Traces* (*Spuren*)[31], exposant une sociologie des micrologies, très proche de Walter Benjamin et de Theodor Adorno[32]. Cette sociologie des micrologies marque le refus du sacrifice du singulier face à l'universel ou encore le refus de l'Identité – véritable leitmotiv de la Théorie critique.

Ernst Bloch séjourne ensuite en Autriche, en France, en Tchécoslovaquie et aux Etats-Unis où il reste dix ans, durant lesquels il rédige le *Principe espérance*[33]. Durant la même époque, il écrit *Sujet-Objet. Eclaircissements sur Hegel.* Après son retour en Allemagne (1948), Ernst Bloch accepte la réconciliation avec la réalité est-allemande postfasciste et dirige l'Institut philosophique de Leipzig. Ultérieurement à la parution du *Principe espérance* et de *Sujet-Objet*, Ernst Bloch va toutefois prendre ses distances avec cette réalité et rompre définitivement en 1961. Après l'insurrection hongroise, il est condamné pour révisionnisme – en parallèle de Georg Lukács[34] lors des événements de 1956. Avant son interdiction de professer (1957), Ernst Bloch rédige ses *Cours de l'histoire de la philosophie.* En 1961, il quitte définitivement la RDA pour s'installer à Tübingen. Au « Stift », il publie durant les seize dernières années de sa vie cinq ouvrages : *Le problème du matérialisme, son histoire et sa substance* (1972), divers *Essais philosophiques* (*Philosophische Auf-*

sätze, 1969), *Les Mesures politiques, la peste, Vormärz* (1970), ses *Cours de l'histoire de la philosophie* (1977) et son *Experimentum mundi* (1975)[35].

Le leitmotiv de cette mystique judaïsante et marxiste reste l'utopie. Celle-ci n'y est pas perçue comme abstraction face au réel mais comme facteur de transformation du réel. Ernst Bloch admet dès 1908 la possibilité de perception de phénomènes utopiques dans le psychisme[36]. Plus précisément, cette utopie active prend forme dans l'œuvre d'art ou encore implicitement dans le pré-conscient qui trace des images-souhaits et des « rêves en avant » (*Träumen nach vorwärts*).

Max Horkheimer : rappel biographique

Fondateur de l'Ecole de Francfort, il assura à celle-ci une identité théorique. Max Horkheimer est né en 1895 à Stuttgart et mort en 1973. Fils d'un industriel juif - Moritz Horkheimer - il se tourne vers la littérature puis vers la psychanalyse. A travers l'Europe (Bruxelles, Londres), il apprend l'anglais, le français et étudie dans les universités allemandes de Munich, Fribourg et Francfort. Il y rencontre Friedrich Pollock[37], lequel dirigera l'Institut et l'Ecole de Francfort. Max Horkheimer passe ensuite à l'étude de la psychologie de la forme (*Gestaltpsychologie*) en suivant un chemin parallèle à Theodor Adorno, puisque tous deux assistèrent aux cours du gestaltiste Adhemar Gelb.

En philosophie, il s'oriente vers Schopenhauer puis vers Kant, sur lequel il soutient un doctorat. L'influence de Schopenhauer[38] paraît déterminante pour la philosophie de l'histoire développée par la Théorie critique, qui vise un au-delà de l'*Aufklärung*. La disjonction du réel et du rationnel, posée par Schopenhauer, est à l'œuvre dans la philosophie de l'Ecole. Celle-ci en fait un usage anti-hégélien en affirmant implicitement que la rationalité semble en raison inverse de la réalité, afin de parodier l'adéquation hégélienne du réel et du rationnel – exprimée dans les *Principes de la philosophie du droit*[39]. Cependant, Max Horkheimer ne peut que prendre ses distances vis-à-vis d'une pensée qui affirme que le *foetor judaïcus* a perverti la philosophie ! La soutenance du doctorat sur Kant : *Contribution à l'antinomie de la faculté de juger téléologique*, a lieu sous la direction de Hans Cornelius en 1922. (Theodor Adorno soutiendra lui aussi une thèse en 1924 sous sa direction). Hans Cornelius (1863-1947), nommé en 1910 professeur de philosophie à Francfort, fut positiviste (influence de Mach) mais aussi marqué par le néo-criticisme[40]. Plus précisément, par delà l'influence de l'empiriocriticisme (Avenarius), Cornelius adopta une position humaniste internationaliste et pacifiste pendant la guerre. Il dirigea aussi les écoles des beaux-arts de Munich et fut l'auteur d'une monographie sur les *lois élémentaires de la peinture*[41].

Max Horkheimer découvre alors Marx et Engels, et dès 1931 il prend la tête de l'Institut de Recherches Sociales, en association avec Pollock. Dans le même temps, il prend la succession de Grünberg[42]. Mais Horkheimer était déjà titulaire de la chaire de « philosophie sociale » créée pour lui en 1929. Il présente alors une esquisse de sa philosophie de l'histoire en 1930 dans *Les débuts de la philosophie de l'histoire*[43]. Dès 1933, l'activité de l'Ecole est interrompue suite à la prise de pouvoir par Hitler. Officiellement révoqué, Max Horkheimer se voit condamné à l'exil et il part pour Genève, première étape de l'émigration des Francfortois. Il y dirige une annexe de l'Institut – dans ce pays qui constituera un dernier havre de paix pour toute l'intelligentsia allemande en exil[44].

Il faut toutefois ajouter que deux petites annexes s'ouvrent en 1933 ; une première à Paris, dirigée par les durkheimiens Halbwachs et Bouglé[45] et une seconde à Londres sous les auspices de Bergson. La revue *Zeitschrift für Sozialforschung* paraît durant l'exil à Paris chez l'éditeur Félix Alcan, de 1933 à 1940. Contraint à une publication sous un pseudonyme (Heinrich Regius) – ce qui frappe alors de nombreux intellectuels – il séjourne aux Etats-Unis en mai 1934 et s'y installe en juillet. Après la guerre, il rentre en Allemagne en avril 1948, tandis que sa chaire est rétablie en juillet 1949. L'Institut reprend alors ses activités en 1950. Durant sa période d'exil, Max Horkheimer a publié ses principaux textes : *Sur le problème de la vérité* (1935), *Théorie traditionnelle et Théorie critique* (1937), *Philosophie et Théorie critique* (1937).

Hormis ces essais programmatiques et méthodologiques, soulignons la *Dialectique de la raison*[46] (Amsterdam, 1947), et *Eclipse de la Raison*[47] (New-York, 1947). En Allemagne, Max Horkheimer couronne sa carrière et se réconcilie avec l'Université allemande. Doyen du département de philosophie, il devient recteur d'université (1951-1953) et reçoit le prix Goethe. Il reste toutefois citoyen américain et membre de l'Université de Chicago. Il prend sa retraite en Suisse en 1958 à Montagnola, en compagnie de Pollock.

1. Max Horkheimer et l'hégélianisme

Hegel et le problème de la métaphysique (1932)

Ce texte pourrait passer pour l'un des manifestes de l'Ecole de Francfort récusant la métaphysique au profit de la Théorie critique. Chez Max Horkheimer, cet écrit accompagne la monographie : *Les débuts de la philosophie bourgeoise de l'histoire*[48]. Hegel y est replacé dans la tradition rationaliste du XVIIIe siècle, sa philosophie tendant à dépasser les « oppositions traditionnelles entre ici-bas et au-delà, entre finitude et infinité, *civitas terrena* et *civitas coelestis*, *mundus intelligibilis* et *mundus sensibilis*, histoire sacrée et histoire profane »[49]. Le mouvement hégélien est donc double et ne vaut que comme particularisation de l'universel ou universalisation du particulier. Rationalisant le réel ou réalisant la raison, l'hégélianisme tente de surmonter les antinomies classiques de la raison[50]. Universalisant les antinomies, Hegel tend à surmonter leur unilatéralité. Cette sursomption (*Aufhebung*) rationnelle ne vaut que lorsqu'est posée la formulation hégélienne : « Tout ce qui est rationnel est réel et tout ce qui est réel est rationnel »[51].

La thèse hégélienne énoncée dans l'introduction des *Principes de la philosophie du droit*[52] exprime cette tentative de surmonter empirisme et idéalisme, et par extension suppose l'adéquation du sujet et de l'objet au sein d'un idéalisme absolu, idéalisme de l'identité selon Max Horkheimer. Rappelons que cette mise en adéquation du réel et du rationnel ne conduit nullement à un positivisme juridique. De surcroît, l'effectivité ne se réduit pas à la réalité empirique, existante, ce qui anéantit toute critique positiviste de Hegel, celui-ci ne faisant pas l'apologie de l'ordre établi. Dans l'affirmation : « Tout ce qui est rationnel est réel et tout ce qui est réel est rationnel », Rudolph Haym estimait que la première partie de l'assertion avait un caractère révolutionnaire tandis que la seconde partie présentait un caractère conservateur[53]. Pour lever toute ambiguïté, Hegel distingue en 1827 dans l'*Encyclopédie des sciences philosophiques*[54], l'existence empirique de la réalité effective.

Par ailleurs, dans ses *Leçons*, Hegel dicte à ses étudiants une variante de cette formule : « Ce qui est rationnel doit nécessairement arriver.»[55] En 1817, à Heidelberg (*manuscrit de Wannenmann*) et en 1818 à Berlin (*manuscrit de Homeyer*), il accentue le fondement historique de son rationalisme. Le fondement rationnel repose sur les différentes étapes historiques de la réalisation de la liberté. En distinguant l'existence contingente de la réalité, Hegel opère le renversement du positivisme et tend à « fonder le savoir particulier dans la connaissance de la totalité »[56]. Plus qu'une relation de réciprocité entre les catégories de particulier et de totalité, Hegel poserait la prééminence de l'Identité du sujet ; la connaissance devenant « connaissance de soi du sujet infini identique à lui-même »[57]. Cette identité est surtout développée dans l'*Encyclopédie* et dans la *Logique*. Par delà l'extériorisation et l'aliénation du *logos* dans la nature, l'esprit se retrouve alors auprès de soi-même dans l'Identité de la philosophie de l'esprit ; elle-même subdivisée en philosophie de l'esprit subjectif, objectif et absolu. Cependant l'Identité rationnelle visée comme fin, notamment sous la forme étatique réconciliant la vie familiale et la société civile, serait posée dès le départ ou « anticipée dès le début »[58], comme *terminus a quo*.

L'idéalisme absolu hégélien qui se veut aussi réalisme ne doit pas prêter à confusion puisque Hegel opère une refondation de la pensée objective en « un sens métaphysique »[59]. En affirmant que « l'existence est en partie apparition et en partie réalité »[60], Hegel reste donc idéaliste, c'est-à-dire qu'il cautionne l'unité de la pensée et de l'être, du *logos* et de la réalité. Toutefois, Max Horkheimer, à l'instar de Theodor Wiesengrund Adorno, ne rejette pas totalement l'hégélianisme. Ainsi, « si l'on fait abstraction de la méthode dialectique en tant que telle, dont la signification est en tout cas transformée par l'écroulement du dogme de base, le seul résultat qui subsiste de cette philosophie est le particulier, le fragment qui n'est pas infirmé par le progrès de la science.»[61] Contrairement à un certain marxisme, Max Horkheimer n'entend ni remettre l'hégélianisme sur ses pieds, ni disjoindre la méthode hégélienne du système. En définitive, la méthode est elle-même dépendante du « dogme de base » qui est ici celui de l'Identité.

Ce qui subsiste, c'est le fragment, le particulier ; objet des micrologies ultérieures de Theodor Adorno ou de la monadologie professée par Walter Benjamin. Refusant l'historicisme et la sociologie de la connaissance réductrice, Max Horkheimer en appelle donc à une reconnaissance de l'objet historique, objet nécessairement fragmenté, ou - selon les termes de Walter Benjamin - de nature allégorique. Non pas sauver la méthode dite progressiste contre le système prétendu réactionnaire – l'hégélianisme ne se présentant pas sous cette forme abstraite et antinomique – mais plutôt opérer la rédemption du fragment ; telle est la visée de la Théorie critique, annonçant la dialectique négative. Max Horkheimer continue finalement à avoir recours au terme « progrès de la science »[62] ; reste à savoir si cet usage a un sens métaphorique, contingent ou effectif.

Max Horkheimer dénonce aussi le caractère « universel abstrait » des catégories hégéliennes ou leur rôle d' « hypostases »[63]. Mais le facteur temps a eu raison des catégories métaphysiques puisque « la doctrine de l'identité s'est écroulée depuis longtemps »[64]. Aujourd'hui, l'*Eclipse de la raison*[65] est indéniable. Substituant le fragment à la totalité signifiante, Max Horkheimer peut affirmer : « Une telle raison fait l'objet d'un signe dépourvu de sens. Figure allégorique sans fonction, elle est désemparée. Elle qui, jadis, comprit en tant qu'indices d'une signification plus profonde des fragments historiques qui avaient été désertés par le sens, elle ne peut plus désormais s'attribuer à elle-même aucun sens. »[66] La référence à l'altérité du fragment, irréductible au *logos*, rapproche Max Horkheimer de Walter Benjamin. Ce tournant de la philosophie de l'histoire se pose donc comme une volonté de « fonder le singulier »[67]. Cette fondation n'est toutefois pas une « explication causale »[68] suivant le modèle de la sociologie positive. Rappelons que la sociologie de la Théorie critique se distingue formellement du positivisme[69]. Au delà des Lumières, la Théorie critique ne cherche plus tant à justifier l'histoire qu'à déceler l'écart nécessaire entre « nécessité de pensée » et « processus réel »[70]. Autrement dit, l'histoire relève du hasard et non d'un ordre absolu déductible. L'historien devrait d'ailleurs prendre appui sur l'activité « rationaliste » de la science contemporaine. Celle-ci repose sur des fonctions hypothétiques qui « ont un caractère de probabilité »[71]. Le regard de Max Horkheimer devient ici celui de l'épistémologue qui pose la question : « A quelles conditions une science historique est-elle universellement valable ? »

Proche du questionnement néo-kantien (Simmel, Rickert, Dilthey, Max Weber), Max Horkheimer en vient à reconnaître l'abîme irréductible entre réalité brute existante et réalité effective ou entre le réel et le rationnel. L'erreur de la métaphysique, c'est justement de « sauter par-dessus cette différence »[72] afin de rechuter dans l'illusion transcendantale d'une philosophie de l'histoire universelle rationaliste, cautionnant le progrès (*Universalgeschichte*).

Proche de Max Weber, Max Horkheimer reconnaît l'écart irréductible entre réalité et idéal-type intelligible. L'histoire devient alors champ aléatoire d'un jeu indécis[73], dont les résultats et les conséquences restent incalculables[74]. Le rapport ambigu qu'entretient Max Horkheimer vis-à-vis de l'hégélianisme et du kantisme s'exprime finalement en ceci : la critique de l'abstraction et de l'entendement doit en retour se soumettre à la dénonciation de l'illusion transcendantale. Ainsi, « même si l'esprit était autre chose qu'une simple abstraction problématique, il ne serait pas identique à la réalité. »[75] Paul-Laurent Assoun et Gérard Raulet[76] ont insisté sur le néo-kantisme de l'Ecole de Francfort et sur les relations avec l'austro-marxisme lié au néo-kantisme. En faisant retour à la non-réconciliation pré-hégélienne, du réel et du rationnel, l'Ecole de Francfort est dans la filiation d'un Vorländer[77], d'un Max Adler, etc. Sur le plan politique, l'austro-marxisme (Hilferding, Renner, Adler, Bauer,...) représente ce que l'on a ironiquement stigmatisé dans l'appellation d' « Internationale deux et demi »[78]. Néanmoins, le retour en deçà de Hegel n'est pas propre à l'austro-marxisme, puisqu'il est à l'œuvre plus explicitement encore dans le marxisme italien[79].

2. Théorie traditionnelle et Théorie critique[80]

Par théorie traditionnelle, il faut entendre le rationalisme classique prônant l'immanence du *logos*, rationalisme qui trouve sa figuration parfaite dans l'idéalisme absolu. Face à celui-ci, Max Horkheimer se réfère à Schopenhauer et à Nietzsche[81]. Tendant à montrer l'importance de la déraison en histoire ou l'impact de la ruse de la passion – à l'instar de Theodor Adorno – il fait appel aux *Considérations inactuelles*. Martin Jay, historien de l'Ecole de Francfort, rappellera d'ailleurs en ce sens l'influence relativement mineure de Hegel sur Horkheimer, lequel s'intéressera à Hegel et à Marx via Schopenhauer et le criticisme kantien[82].

Quant à Paul-Laurent Assoun, il synthétise les quatre concepts essentiels de la Théorie critique, qu'il définit comme « raison, négativité, médiation, et matérialisme »[83], traçant ainsi une filiation aussi ténue soit-elle entre le *sapere aude* de l'*Aufklärung* et l'Ecole de Francfort. Cette acceptation du rationalisme et de la médiation placerait ainsi Max Horkheimer dans un rapport ambivalent vis-à-vis de l'hégélianisme. Plus précisément, dans « Autorité et famille »[84], il discute les *Principes de philosophie du droit* de Hegel. Dans un premier temps, Max Horkheimer reconnaît que Hegel a saisi l'opposition contradictoire, opposition suprême entre la famille et la communauté. Il oppose ainsi la loi humaine, révélée, opérante dans la société et l'Etat, à la loi éternelle selon laquelle les individus valent pour eux-mêmes[85]. En ce sens, Hegel n'est pas le philosophe qui prône une conciliation hâtive et qui « enjolive la réalité [...] au prix d'un maquillage »[86]. Il n'est donc en rien apologiste de la réalité brute, réalité de la misère allemande. Tout au contraire, « Hegel est incapable de penser la réalisation d'une société vraiment unitaire et rationnelle »[87]. Par déplacement, il pose comme tâche rationnelle « le fruit de l'activité artistique, religieuse ou métaphysique »[88]. La rédemption est donc de l'ordre de l'esprit absolu, transcendant l'existence de l'homme singulier. L'individu dans la famille – hors de l'esprit absolu – ne s'affirme donc que comme « ombre ineffective »[89].

La critique de Max Horkheimer ne vise donc pas tant la prétendue apologie de Hegel vis-à-vis de la réalité que son historicisme et son aboutissement au savoir absolu, qui vaut comme universalité abstraite. Ainsi, « appliquer correctement à la méthode ce n'est pas simplement traiter aujourd'hui la philosophie systématique de Hegel, ou, de façon plus originale toutes les conceptions actuelles exactement comme Hegel a traité les conceptions du passé : c'est plutôt leur ôter à toutes le caractère d'étape vers un savoir absolu que Hegel [...] attribue encore aux philosophies qui ont précédé la sienne. »[90] Renoncer au savoir absolu implique de plus une conversion de la Théorie critique vers la sociologie critique. Abandonnant l'écriture d'une philosophie du droit, Max Horkheimer fait appel à l'anthropologie et énonce une revalorisation du matriarcat, suite aux études de Bachofen et Morgan. Ce thème est aussi fortement développé dans les milieux judaïsants de l'Ecole de Francfort[91].

Aussi, ce thème apparaît chez les Löwenthal et dans les recensions de Walter Benjamin[92]. Or, nous connaissons la valeur emblématique accordée au matriarcat par le milieu francfortois, valeur opposée au patriarcat représentant le rationalisme classique jusqu'à l'*Aufklärung* – en opposition au romantisme. Ou encore, le patriarcat est mis en parallèle avec la conception positiviste et l'exploitation de la nature, tandis que le matriarcat serait reconnaissance du potentiel libérateur de la nature, dans un sens romantique et anti-capitaliste[93]. Cette reconnaissance du matriarcat, élément dionysiaque et chtonien, en opposition avec l'apollinien, Hegel l'aurait déjà en partie réalisée puisqu'il pose comme essentiel, selon Max Horkheimer, la féminité[94]. Ainsi, la féminité incarnerait l'amour du prochain, dans sa version irénique, tandis que la virilité belliqueuse ou agonistique serait de l'ordre de la hiérarchie étatique. Et Max Horkheimer d'affirmer : « Hegel a fondé [...] l'intérêt que l'on porte au problème du matriarcat et qui est lié aux noms de Bachofen et de Morgan.»[95] Hegel mentionne à ce propos, dans les *Principes de philosophie du droit*, ce principe antérieur à l'antiquité historique qui est justement « loi des dieux anciens, des dieux souterrains ou archaïques »[96]. Or, justement, le matriarcat se pose comme une des figures possibles de l'Altérité recherchée par l'Ecole de Francfort. Si l'Altérité apparaît comme nostalgie, elle joue un rôle régulateur hypothétique mais opérant dans la philosophie de l'histoire. Elle déréalise la situation de fait, de l'ordre prétendu rationnel et introduit le contre-modèle de l'organisation sociale, contre-modèle utopique.

3. Sur le problème de la vérité[97]

Dans ce texte, Max Horkheimer distingue deux tendances implicites au sein de l'hégélianisme – une tendance conservatrice et une tendance progressiste – et tente ensuite de redéfinir le matérialisme comme dialectique négative.

Etonnant paradoxe que celui de Max Horkheimer qui décèle une force progressiste chez Hegel alors que l'Ecole de Francfort se présente comme un refus de l'*Aufklärung*, et donc comme une négation de la catégorie de progrès. Ainsi, « s'il est vrai que Hegel [...] a été [...] inspiré, non pas uniquement par l'esprit prussien conservateur mais aussi par des intérêts progressistes, il reste que du fait de son dogmatisme, il n'a pas reconnu et défendu ces tendances.»[98] Ce dogmatisme repose sur le postulat de l'identité de la pensée et de l'être, postulat développé par l'idéalisme absolu. Autrement dit, la dialectique négative matérialiste doit affirmer « au contraire que la réalité objective n'est pas identique à la pensée de l'homme et ne peut jamais s'y réduire »[99].

Dénonçant l'illusion transcendantale du rationalisme absolu, Max Horkheimer peut ainsi fonder une critique néokantienne du dogmatisme. Ou encore, l'idéal régulateur du *logos* au sein de l'histoire ne peut pas devenir idéal constitutif, telle serait l'erreur de l'hégélianisme. Ce retour au criticisme – à l'instar de Schopenhauer en deçà de Hegel – se pose donc comme dévoilement de l'historicisme qui opère comme théologie camouflée. Réhabilitant la chose en soi kantienne qui n'est plus *caput mortum*, Max Horkheimer peut énoncer : « La pensée [...] elle ne sera [...] jamais identique à l'objet. »[100] Cependant, Max Horkheimer distingue la démarche hégélienne du criticisme et pose la supériorité de la *Vernunft* sur le *Verstand* abstrait[101]. Hegel fait donc rupture avec ce dogmatisme qui refuse le devenir de l'être. Hegel déréalise toutefois l'existence brute supplantée par la réalité effective (*Wirklichkeit*). Cette transfiguration du réel est la base même du dogmatisme hégélien. Ainsi, « la philosophie n'est donc pas une consolation ; elle est plus, elle réconcilie, elle transfigure le réel qui semble injuste»[102]. Cette transfiguration irait de pair avec l'absolutisation de l'Etat, Max Horkheimer entretenant lui-même la confusion et faisant l'amalgame entre totalité et totalitarisme. Le sacrifice de l'individu se déduirait alors de l'aphorisme : « Le tout est par excellence l'Etat. »[103] Etonnante réduction qui présuppose à son tour l'adéquation immédiate entre l'être et la pensée.

Theodor Adorno : rappel biographique

Theodor Wiesengrund Adorno est né en 1903 à Francfort d'un père allemand et d'une mère italienne. Son père, juif allcmand assimilé et sa mère, fille d'un officier corse issu d'une vieille famille génoise, constituèrent un milieu judéo-germanique propice à sa future réflexion esthétique et musicale. Sa mère fut chanteuse de renom et sa sœur pianiste professionnelle. Au cours de ses études secondaires, il découvre la philosophie kantienne par l'intermédiaire de Siegfried Kracauer, sociologue de la connaissance[104]. Dans sa monographie : *De Caligari à Hitler*[105], Kracauer retrace « l'évolution catastrophique » de l'histoire allemande sous Weimar.

En 1923, Theodor Adorno fait la connaissance de Walter Benjamin. Cette rencontre sera déterminante pour la philosophie de l'histoire d'Adorno et d'Horkheimer. Cependant, Adorno s'oriente vers la musicologie. Il suit des cours de composition pianistique avec Edouard Steuermann, tout en étant séduit par Alban Berg et la musique dodécaphonique de Schönberg[106]. La rencontre a lieu en 1925. Puis il quitte le milieu francfortois (animé entre autres par Edouard Jung et Bernhard Sekles) pour se rendre à Vienne. Il collabore alors à la revue musicale *Anbruch* (1928-1931) et évolue dans la sphère d'Anton von Webern et de Rudolp Kolisch. En 1928, il retourne à Francfort, où il avait soutenu dès 1924 sous la direction de Cornelius une thèse sur *La transcendance de l'objectal et du noématique dans la phénoménologie de Husserl.* Dès 1929, il se met à diriger sa thèse d'habilitation sur *Kierkegaard : construction de l'esthétique*, soutenue en 1931 et publiée en 1933 ; ce qui lui ouvre la voie du *Privatdozent*. Theodor Adorno s'y démarque de l'engagement kierkegaardien, engagement de la singularité individuelle dans le monde.

Schématiquement, Kierkegaard se présente - selon Adorno - comme celui qui annonce la révolte du singulier contre l'universel et contre l'Identité, dans une perspective post-hégélienne, en parallèle de la gauche hégélienne des années 1840, dans le sillage de Feuerbach. Cependant, Adorno récusera tout recours au singulier ou à l'immédiateté qui apparaît comme trompeuse foi. Il est donc patent ici que le philosophe ne peut faire l'économie de la médiation, ce qui serait recourir à une pensée « pré-hégélienne » du type de l'entendement ou de l'immédiateté de la foi[107]. En dernier lieu, le singulier n'est pas l'ultime, tout comme l'Identité, et il s'avère que les prétentions de l'immédiateté s'affirment toujours avec force médiations.

Sa carrière universitaire fut - sous la République de Weimar - écourtée puisque dès 1933, lors de la publication de cette thèse, Hitler prend le pouvoir. Il perd alors la *venia legendi* : l'autorisation d'enseigner, et sera contraint lui aussi à l'exil. Jusqu'en 1937, il passe la majeure partie de son temps en Angleterre, au *Merton College*, à Oxford. En 1938, il devient officiellement membre de l'Institut de Recherche Sociale et émigre aux Etats-Unis où il collabore au *Princeton Radio Research Project*. Il publie alors dans la *Zeitschrift für Sozialforschung* (aux Etats-Unis : *Studies in Philosophy and Social Science*). En 1947, paraît la *Dialectique de l'Aufklärung*[108] avec Max Horkheimer. En outre, il participe à des enquêtes sociologiques sur l'antisémitisme dans le cadre du *Berkeley Opinion Study Group*, ce qui conduira à la monographie : *La personnalité autoritaire*, toujours avec Max Horkheimer.

C'est en 1949 qu'il revient en Allemagne pour relancer l'Ecole de Francfort. Il devient alors directeur adjoint de l'Institut puis co-directeur en 1955. En 1958, après la retraite d'Horkheimer, Adorno prend la direction de l'Institut. Il se distingue entre autres par la parution en 1966 de la *Dialectique négative*[109] et prend part à la « querelle du positivisme » au sein des sciences sociales allemandes. Il marque son opposition à Karl Popper en particulier, et plus généralement au néo-positivisme[110]. Interpellé par les mouvements de contestation en 1968-69, Adorno se tient en retrait de « l'engagement mondain », ce qui lui vaudra être l'objet de critiques. Dénonçant l'activisme et la prétendue *praxis* révolutionnaire, il prône alors une *praxis* sans violence dans une position de repli. Il disparaît soudainement le 6 août 1969, près de Zermatt, victime d'une crise cardiaque, en laissant inachevée deux textes : une monographie sur Beethoven et la *Théorie esthétique*. Il constituera avec Max Horkheimer ce que Paul-Laurent Assoun nomme le « duumvirat » de Francfort, supervisant et guidant les « Compagnons de route »[111].

Dialectique négative et hégélianisme

Theodor Wiesengrund Adorno représente le *terminus ad quem* de la philosophie classique allemande et, par delà, le marxisme classique allemand. Ce terme donne à décrypter dans son rapport paradoxal à l'hégélianisme : rapport d'exclusion et d'inclusion. En effet, Theodor Adorno joue sur cette ambiguïté par rapport à la philosophie classique, dont Hegel constitue l'apogée. S'interrogeant sur « la possibilité même de la philosophie »[112], Theodor Adorno trace une ligne de démarcation idéologique entre la dialectique classique (Hegel, Marx) et la *Dialectique négative*[113].

1. La Dialectique

Constatant l'échec des philosophes de la *praxis,* Theodor Adorno propose une relecture des *Thèses sur Feuerbach* et donc un retour en deçà du marxisme, au *terminus a quo* de la philosophie classique allemande. En effet, la philosophie peut se poser comme *philosophia perennis*, puisque sa solution, résolution ou réalisation est repoussée. La *praxis* n'ayant pu dissoudre la théorie au sein d'une réalité devenue rationnelle, il convient de reconnaître l'échec de la transformation du monde cautionnée par la philosophie. L'échec de la philosophie devenue pratique maintient donc la valeur théorique de celle-ci, comme refuge critique au sein de la réalité. Telle est l'affirmation liminaire de cette dialectique négative : « La philosophie qui parut jadis dépassée, se maintient en vie parce que le moment de sa réalisation fut manqué. »[114] Ce manquement est indéniablement scandé par les deux catastrophes essentielles du XXe siècle : le nazisme et le stalinisme.

La *praxis*, soupçonnée dans sa nature, se voit ainsi « ajournée à perpétuité »[115] et le seul lieu critique reste celui de la pensée négative, c'est-à-dire niant l'illusion d'une réconciliation du réel et du rationnel. L'opposition au dogmatisme de l'orthodoxie marxiste systématisée sous les espèces de l'*Histomat* et du *Diamat* est clairement prononcée. En effet, dans ce cas précis, la philosophie de la *praxis*, officielle, est devenue « prétexte pour étouffer comme vaine la pensée critique sous l'exécutif »[116]. Opérant un reversement par rapport à la volonté révolutionnaire du jeune Marx exhortant à la transformation du monde, Theodor Adorno prône le repli sur l'interprétation[117].

La philosophie – à entendre comme dialectique négative – se voit donc accorder un sursis, la pratique étant aujourd'hui *sine die*, ou encore il est finalement de l'intérêt de la *praxis* que la théorie retrouve son indépendance. Sur le plan politique, ce rejet de la *praxis* conduit Theodor Adorno à une condamnation de l' « activisme », position reprise par Jürgen Habermas[118]. Cependant, le repli de Theodor Adorno en deçà du jeune Marx, n'est pas un simple retour à l'hégélianisme. Ainsi, les tentatives conceptuelles et métaphysiques – inspirées par le concept de l'esprit – sont-elles dénoncées comme « inanités »[119].

Après avoir insisté sur l'échec de la *praxis*, Theodor Adorno énonce le principe essentiel de la dialectique négative : « Son nom dit d'abord seulement que les objets ne se réduisent pas à leur concept, qu'ils entrent en contradiction avec la norme traditionnelle de l'*adaequatio* »[120]. La dialectique refuse donc toute théorie de la connaissance réaliste, que ce soit sous la forme thomiste de l'*adaequatio rei et intellectus* ou que ce soit sous les formes officielles du *Diamat* et de l'*Histomat* proposant une théorie du reflet (*Abbildtheorie*) immédiat, ou une théorie du reflet miroir médiatisant (*Wiederspiegelungstheorie*). Le caractère négatif de la dialectique se pose ici comme principe épistémologique : le concept (*Be-griff*) ne peut saisir l'objet. Ainsi semble s'opérer un repli par delà Hegel et Kant.

Theodor Adorno complète cette assertion en suspectant toute affirmation identitaire, puisque l'Identité apparaît comme « indice de non vérité »[121]. Refusant la logique *a priori* (en opposition à Kant) de l'identification par le concept (en opposition à Hegel), Theodor Adorno renoncerait à tout point de vue, celui-ci apparaissant comme identification *a priori* abusive. Cependant, la dialectique négative ne récuse pas toute *Weltanschauung.*

L'usage que fait Theodor Adorno de l'hégélianisme est lui-même posé par Hegel dans l'*Encyclopédie des sciences philosophiques* comme une méconnaissance du processus dialectique qui conduit à l'identification par le concept. En termes hégéliens, Theodor Adorno (et par extension Walter Benjamin et Max Horkheimer) propose une théorie du dialectique et non de la dialectique. La contradiction y est ainsi posée comme irréductible face à la non vérité de l'identification totale[122]. L'*Encyclopédie* rejetait l'absolutisation de la contradiction comme une espèce de scepticisme, favorisant un système de bascule indéfini[123]. Toute l'Ecole de Francfort semble effectivement masquer la polysémie de la catégorie de dialectique en postulant la négation face à l'affirmation synthétique.

L'affirmation concomitante du caractère « non vrai de la totalité »[124] par Theodor Adorno semble conduire à une analogie entre dialectique négative et dialectique de la particularité[125]. La particularité et plus précisément le particulier se constituent dans leur opposition face à la violence du concept. Celle-ci opère un déplacement de la « douleur du monde élevée au concept »[126]. Cette élévation-relève est d'ordre idéologique. Par un singulier renversement, Theodor Adorno replonge la dialectique au sein de la réalité, puisque cette douleur élevée au concept, c'est « ce que la dialectique a de douloureux »[127]. Est-ce à dire que la dialectique reflète la réalité sur le mode de l'*Abbild* ou alors peut-on poser un parallélisme entre les catégories dialectiques – fondées sur l'identité du concept hégélien – et le réel administré, standardisé, réifié et donc identitaire ?

A cette dialectique positivo-rationnelle[128], Theodor Adorno oppose la dialectique de la différence absolue, ou dialectique négative, scindant l'universel et le particulier.

Cette scission semble nous replacer dans un mode de pensée propre au *Verstand*, justifiant les antinomies logiques en vertu du jugement dissociatif (*Ur-teil*), pour contrecarrer la synthèse hégélienne reposant sur la « relève »[129] (*Aufhebung*).

Theodor Adorno propose une « remémoration du multiple »[130] qui se distingue de la « réconciliation (hégélienne) avec la réalité » (*Versöhnung mit der Wirklichkeit*). Le concept de remémoration est développé chez Walter Benjamin prenant appui sur la tradition juive et opérant comme *leitmotiv* de la philosophie de l'histoire[131]. La remémoration – d'ordre dialectique – est diamétralement opposée à la réconciliation, qui tend à justifier l'ordre réel par rapport au tribunal de l'histoire. Cautionnée par un rationalisme implicite, la réconciliation fonde une théodicée historique justifiant en dernier ressort l'ordre établi. Au contraire, la remémoration fait éclater la continuité des événements historiques subsumés sous un universel abstrait. Theodor Adorno parle, lui, d'une « remémoration d'un multiple », *id est*, de particularités face à l'universalité du concept. A contrario, la dialectique identitaire expose son « caractère compulsionnel » d'ordre « panlogique »[132].

Dressant un parallèle avec l'histoire de la musique, Theodor Adorno prend acte de l'échec des philosophies rationalistes de la réconciliation, de l'*Aufklärung* et par delà des philosophies de la *praxis* : il y va ainsi de l' « impuissance d'une pensée atone [...] devant la surpuissance du train du monde », et un peu plus loin : « aucune des réconciliations affirmées par l'idéalisme absolu - tout autre idéalisme demeurant inconséquent - [...] jusqu'aux réconciliations politico-historiques, n'était valable »[133]. Priorité donc à l'idéalisme absolu sur l'idéalisme classique, ce qui signifie ne pas revenir en deçà de Hegel à Kant, ou encore régresser d'une philosophie de la *Vernunft*, fluidifiant les antinomies de l'entendement, à une philosophie du *Verstand* absolutisant les antinomies sous forme de paralogisme. Toute la démarche de Theodor Adorno est d'ailleurs équilibriste. Entre Kant et Hegel, il refuse l'identité positive du concept, réévalue la force du particulier, sans toutefois prétendre que celui-ci est l'ultime. Il en appelle plutôt à une reformulation des rapports particulier/universel, dans laquelle les droits du particulier ne seraient plus subsumés, c'est-à-dire annihilés dans le panlogisme identitaire. Une démarche analogue était entreprise auparavant par Walter Benjamin[134] et Max Horkheimer[135].

Le refus d'un retour à Kant est aussi clairement énoncé dans un texte où la dialectique négative marque son opposition à toute idéologie du progrès et de la réconciliation. Or, la philosophie de l'histoire kantienne se voit classée dans « la philosophie bourgeoise » de l'histoire « faisant appel à la téléologie historique et à la finalité naturelle » (*Absicht der Natur*), préfigurant ainsi la ruse de la raison (*List der Vernunft*) hégélienne[136]. La philosophie de l'histoire kantienne forme une espèce de la métaphysique de la réconciliation, malgré son caractère antinomique, et se voit donc elle aussi discréditée par la réalité.

L'intérêt de la philosophie actuelle ne réside donc ni dans la dissolution (*Auflösung*) de la philosophie, ni dans un repli sur la métaphysique traditionnelle. Theodor Adorno revendique donc une place médiane entre l'universel et le particulier, bien que l'intérêt de la philosophie doive se porter sur le « non-conceptuel, l'individuel et le particulier » face à l'identité universelle[137]. Le particulier se présente comme fragment, faisant l'objet de micrologies, ou comme monade historique à partir de laquelle une vue remémorative de l'universel est possible. Cet attrait pour « l'éphémère et le négligeable »[138] fonde une philosophie de l'histoire, baroque, allégorique et non symbolique ou systématique[139].

Cet aspect baroque, valorisant le particulier, n'implique cependant pas une philosophie de la vie (*Lebensphilosophie*) basée sur la valorisation de l'*Erlebnis.* La philosophie de la vie (Bergson) n'est qu'un retour à la métaphysique traditionnelle. Theodor Adorno porte un jugement similaire quant à la tentative de Husserl de ressaisir la pureté antéprédicative. Nouvel avatar de la métaphysique traditionnelle, la phénoménologie – tentative de saisie de l'immédiat – a tort de vouloir faire l'économie de la médiation (*id est* de l'hégélianisme). La critique adressée à Bergson et à Husserl est donc d'obédience hégélienne[140]. Bergson se voit ainsi rapproché de Descartes et de Kant, puisqu'il oppose sur le mode de l'antinomie qualité – quantité – durée – étendue ; ce qui vaut surtout pour la problématique cartésienne des *Essais sur les données immédiates de la conscience* (1889)[141]. La critique adornienne de la philosophie de l'immédiat de Bergson rappelle par maints traits la critique prononcée par Hegel à l'égard de Jacobi dans le *Vorbegriff* de l'*Encyclopédie* (1830)[142]. La dialectique est alors l'instrument permettant d'affirmer la présence nécessaire de la médiation au sein de tout immédiat. Ainsi, « toute connaissance, même celle de Bergson, a besoin justement quand elle veut se concrétiser, de la rationalité qu'il méprisait. La durée élevée au rang d'absolu, le devenir pur, l'*actus purus*, basculerait dans la même atemporalité que celle que Bergson reproche à la métaphysique depuis Platon et Aristote. »[143]

« Le logicien Husserl » ne se voit pas condamné avec la même force bien qu'il représente une philosophie de l'immédiat et de l'intuition[144]. Ainsi, Husserl développe-t-il une vision des essences (*Wesenschau*) qui « devait pouvoir [...] partir du particulier, du négatif »[145] ; telle est l'*organon* de la dialectique négative. Cette démarche proposée par Theodor Adorno transcende l'intérêt de la philosophie elle-même puisqu'elle entre en relation avec la pratique. Ce retour au particulier est retour à la valeur d'usage subsumée sous l'identité de l'échange, et Theodor Adorno d'ajouter : « Pour que la vie continue, même sous les conditions actuelles de la production, cela est l'ineffable de l'utopie. »[146] Or, l'utopie est justement le non-identique, ce qui suppose une réorientation de la conceptualité[147], faisant appel au multiple, au fragment, au rejet. Cette réorientation passe cependant par une figuration historique de la destinée du concept.

2. Destin du concept

Refusant le rationalisme de la philosophie classique allemande, Theodor Adorno pose l'existence d'une disharmonie préétablie entre le singulier et le tout. Par delà Leibniz et Hegel, il tente d'opérer un désensorcellement du concept, rendu nécessaire par l'histoire même de la philosophie[148]. En opposition, l'ensorcellement du concept a lieu lorsque celui-ci s'absolutise.

Theodor Adorno semble aller plus loin que Walter Benjamin dans la déconstruction des catégories classiques de la métaphysique puisqu'il instaure une dissociation – disharmonie – entre tout, particulier et universel. Dans un sens quelque peu différent, Walter Benjamin fait usage, dans sa philosophie de l'histoire ou dans son essai sur le *Trauerspiel*, de la monadologie[149]. La monade y est interprétée comme image dialectique. Cependant, à l'instar de Theodor Adorno, Walter Benjamin ne cherche pas à subsumer le particulier sous l'universel, ou à universaliser unilatéralement la particularité. Selon Adorno, la connaissance totalitaire est d'ordre fantasmatique, ce qui apparaît plus nettement encore pour les œuvres d'art. Celles-ci ne peuvent se subsumer au concept ou apparaître comme expression sensible d'un savoir conceptuel philosophique. « Ainsi la tâche d'une interprétation philosophique des œuvres d'art ne peut pas être de produire leur identité au moyen du concept, de les absorber en lui. »[150] Ce repli en deçà de Hegel dans l'esthétique de Theodor Adorno semble le rapprocher du criticisme kantien, qui postule l'inadéquation du concept et de l'œuvre d'art. Celle-ci se pose comme altérité absolue face au *Begriff*, ou encore comme refuge hors de la réalité dite rationnelle. L'œuvre d'art appartient à la sphère de l'« indompté »[151].

Autrement dit, il semble que la différence entre l'art et la philosophie ne soit pas tant de degré que de nature. Theodor Adorno exprime sur ce point son rapport ambigu ou ambivalent face à l'hégélianisme. Repoussant l'hypothèse hégélienne du savoir absolu[152], opérant par la gradation de l'œuvre d'art annonçant la religion et la philosophie, Theodor Adorno distingue art et philosophie : « A travers leur opposition tous deux restent fidèles à leur propre contenu ; l'art en résistant à ses interprétations, la philosophie en ne se cramponnant à aucun immédiat. Le concept philosophique ne renonce pas à la nostalgie qui anime l'art en tant qu'il est dépourvu de concepts, art dont il fuit la réalisation d'immédiateté comme étant une apparence. »[153]

Theodor Adorno insiste donc en premier lieu sur l'antinomie – en un sens quelque peu kantien, proche de la logique du *Verstand* – art-philosophie. En faisant appel à la *Vernunft* hégélienne, Theodor Adorno assigne pour tâche à la philosophie de l'art d'arriver « au-delà du concept par le concept »[154], exprimant par là son attachement – détachement face à l'hégélianisme. Ce type de relation opère comme *leitmotiv* dans l'œuvre de Theodor Adorno qui refuse tout à la fois la philosophie de l'immédiat (Bergson-Husserl – la *Lebensphilosophie)* que le rationalisme panlogique.

Cette troisième voie dite dialectique négative, Adorno la développe à l'aide des micrologies[155], en prenant appui sur l'œuvre de Walter Benjamin. La micrologie apparaît comme équivalent de la monadologie telle qu'elle est entendue chez Walter Benjamin. La monade, c'est le particulier qui annonce l'universel, sans pour cela se résorber dans l'universel sous forme de particularité. Cette monade ou image dialectique, Walter Benjamin la déchiffre dans son *Livre des passages*, ceux-ci nous offrant le paradigme des images dialectiques dans le Paris du XIXe siècle[156]. Theodor Adorno énonce cette approche micrologique des contenus chosaux (*Sachgehalt*) « liée à une capacité spéculative »[157]. Celle-ci dévoile l'universel du particulier, ici le passage parisien. L'universel devient alors contenu de vérité (*Wahrheitsgehalt*).

Le concept n'est donc pas autonome ou auto-suffisant et par extension, le concept d'histoire rationnelle ne peut se poser comme « ruse de la raison » (*List der Vernunft*). Celle-ci vise à produire l'identification de la réalité prétendue rationnelle avec le concept (*Begriff*) sous les espèces de l'historicisme[158]. En opposition, Theodor Adorno décèle plutôt sous le cours catastrophique de l'ordre historique, une ruse de la passion. La passion se pose comme rationalisme ; Adorno la dénonçant comme *ratio bourgeoise*[159]. La *ratio*, c'est la raison instrumentale qui absolutise la valeur d'échange dans les rapports sociaux. Son apparence de rationalité fait place à un mythe, puisqu'elle est héritière du processus de *Dialectique de l'Aufklärung*[160]. Ainsi, la raison émancipatrice des Lumières, vis-à-vis du mythe, s'est-ellc transformée par une ruse « diabolique de la raison » en un mythe de la *ratio* niant ses origines. Tel serait le destin du rationalisme et du concept, selon Max Horkheimer et Theodor Adorno. Ainsi la *ratio* vise-t-elle à « éliminer l'hétérogène »[161]. Ce refus du rationalisme instrumental n'implique toutefois pas un repli sur une philosophie de l'immédiateté, repli anti-systématique. Il s'agit de redéfinir la systématicité et l'articulation des concepts pour les mettre en relation avec des « modèles du penser »[162]. Les modèles critiques[163] sont d'ordre monadologique. Adorno affirme dans le même sens : « Le modèle touche le spécifique et plus que le spécifique, sans le faire s'évanouir dans son concept plus général »[164]. Le spécifique, ou le particulier, opère comme fondement d'une philosophie inductive qui nous mène vers le concept. Tel est le mouvement de la dialectique des modèles critiques. Il s'agit de conjuguer le moment méditatif avec l'analyse du spécifique sans que pour cela s'opère un repli de la philosophie vers la science. Rappelons l'opposition de Theodor Adorno au positivisme du cercle de Vienne, à la *Lebensphilosophie*, et à l'Ecole de Marbourg[165].

L'abandon de l'identité par la dialectique négative semble une entreprise vertigineuse conduisant à une absence de repos, mais cette « objection de ne reposer sur rien »[166] n'est pas recevable. Elle évoque trop l'appel fasciste du retour au sol (*Blut und Boden*). Le fondement négatif, c'est le détail particulier concret et non plus l'« universel abstrait ». Autrement dit, le système ne procure pas la vie au détail[167] mais il est plutôt son expression.

L'absolutisation de l' « universel abstrait » conduit, au contraire, au retournement – de nature mythologique – de l'*Aufklärung* en *ratio* mythologique. La *ratio* prétend alors saisir l'en-soi dans les rets d'un sujet légiférant et unifiant la réalité. La vérité serait alors saisie une fois pour toutes[168]. Telle est l'œuvre de la *ratio* qui développe une métaphysique *sub specie aeternitatis*, que l'on rencontre ainsi dans le matérialisme mécanique des Lumières. Cette critique recoupe l'opposition hégélienne de la *Vernunft* au *Verstand*, et aussi l'opposition marxiste de la dialectique à la métaphysique. Cependant, Hegel appartient à la philosophie classique et donc à la métaphysique. Aussi Theodor Adorno en fait-il un post-kantien.

Les catégories hégéliennes se posent comme contradictoires « dans leur dualité de caractère »[169]. Leur apparence et leur relève vont de pair avec leur caractère d'*a priori*[170]. Celui-ci se présente comme « structures invariantes »[171] de la pensée hégélienne. Autrement dit, Hegel reste un post-kantien opérant par une réduction de l'objet au sujet. Et l'apparition du concept « semi-théologique d'esprit »[172] ne peut dissimuler ce primat accordé à la subjectivité. L'hégélianisme serait donc essentiellement contradictoire en ceci qu'il est exigence d'un contenu conceptuel alors que sa logique resterait d'ordre formel. Ainsi, la condamnation hégélienne de la « subjectivité abstraite » - visant Kant et Fichte – vaut-elle pour la logique qui réduit le concret – ou le particulier – aux concepts universels. C'est alors que l'appel hégélien au concret devient ce que « la dialectique idéaliste se vante de porter en elle et de développer »[173].

Rappelons que la présentation adornienne de la logique hégélienne tente de dégager une implicite négation du particulier sous l'universel qui s'oppose à l'explicite même de l'expression hégélienne. Chez Hegel, la pensée est ainsi antérieure à l'altérité sujet-objet, à la conscience, ou encore la pensée est antérieure à l'esprit dont la conscience est le phénomène. De plus, Hegel vise par delà le jugement prédicatif à l'identité concrète ou spéculative, récusant par là même l' « empirio-formalisme » kantien[174].

Pour les rapports particulier-universel, il n'y va pas non plus d'une subordination unilatérale du premier au second, mais bien plutôt d'une inter-relation dialectique. Ainsi, « s'il est vrai que le particulier n'a son sens que comme particularisation de l'universel [...], inversement l'universel n'a sa vérité que dans et par la particularisation »[175]. Hegel vise donc une unité spéculative de l'universel et du particulier, en opposition à la *Critique du jugement* (1790) kantienne qui n'atteint l'unité du particulier que sous l'espèce de l'entendement.

La lecture adornienne opère donc une réduction partielle de l'hégélianisme à Kant, comme développant le dénominateur commun de l'unification conceptuelle. Kant et les post-kantiens appartiennent à la philosophie idéaliste qui prône « l'identité implicite du concept et de la chose, identité qui justifie le monde »[176]. Si Kant justifie l'identité du concept et de la chose, il faut l'entendre sous l'espèce du *Denken* se substituant à l'*Erkennen*, le savoir devant être aboli pour que la foi lui soit substituée. Ce qui est ici dénoncé, c'est la justification implicite ou explicite de l'ordre du monde, justification renforcée par l'identité conceptuelle - du réel et du *logos* - débouchant sur une philosophie de la réconciliation. En effet, celle-ci va de pair avec l'affirmation positive de la réalité (*Wirklichkeit*) et conduit à l'affirmation de l'identité du *Weltgericht* et de la *Weltgeschichte*[177]. Le kantisme exprimant sa croyance au progrès de l'espèce humaine introduirait à la théologie camouflée[178] du *Weltgeist* hégélien. Cette « réconciliation » garantit alors l'adéquation du réel et du rationnel des *Principes de la philosophie du droit* : « Ce qui est rationnel est effectif, ce qui est effectif est rationnel »[179].

La justification de l'ordre du monde n'est pas seulement historique mais peut être l'œuvre de « l'objectivation scientifique »[180]. Celle-ci est menée depuis Descartes, comme élimination de la qualité qui se détermine en tant que mesure. La faculté de quantifier, *more geometrico*, fournira son appui à la *ratio*. Elle privilégie l'analyse ou la *diairésis*, instaurant « la mathématique comme modèle méthodologique »[181], renouant par là avec le fondateur de l'Académie. La volonté de quantifier le réel apparaîtrait ainsi dès Platon, refusant l'*hybris*, la déraison, n'opérant pas selon la *diairésis* dichotomique. Le modèle platonicien du *Phèdre*, où l'analyse conceptuelle opère suivant « les articulations du réel », détermine la norme future de la *ratio*[182], norme corrigée par la logique hégélienne qui pose la liaison indissoluble de la qualité et de la quantité.

Bien d'Hegel pose la soumission de la qualité à la quantité[183] dans la *Science de la logique* ou encore leur adéquation, il formule ainsi la qualification de la quantité dans la *Grande logique*. Hegel n'est pas le philosophe de « l'universalité abstraite » qui tente unilatéralement une réduction de l'être à la logique, ou de la qualité particulière à l'unification subreptice et quantifiante du concept. Cette unification sous le concept totalitaire ou spéculatif est aussi à l'œuvre dans le communisme qui tend à s'imposer comme principe d'unification finissant par ne plus reconnaître le droit à la différence. La dialectique négative marque alors sa parenté avec un certain existentialisme, parenté fondée sur le mode de l'analogie et non de l'identité. L'existentialisme y est ainsi défini comme tentative « pour sortir du fétichisme des concepts »[184]. Ainsi, « Sartre et ses amis [...] n'ont pas manqué de voir que le communisme, partout où il était arrivé au pouvoir, s'enterrait comme système d'administration ». D'ailleurs, la *Critique de la raison dialectique* et *Le Visible et l'Invisible*, comme textes ultimes de l'existentialisme, tendent à redonner une définition de la dialectique ; définition prononcée chez Merleau-Ponty par un appel à l'ontologie. Parallèlement à Theodor Adorno, Merleau-Ponty tente une « relève » des philosophies du concept, en particulier de Husserl et de Bergson. Notons toutefois les limites de ce parallèle. L'appel à l'ontologie de Heidegger, à l'œuvre chez le philosophe français, rompt avec la condamnation adornienne du *Jargon de l'authenticité*[185]. Enfin, Theodor Adorno juge l'existentialisme comme une philosophie spécifique, appartenant au genre *Lebensphilosophie* glorifiant l'immédiateté naïve. Autrement dit, la critique appliquée à Kierkegaard[186] vise elle aussi les « épigones » du penseur danois.

Le destin du concept est ainsi fondé par la catégorie d'identité ou d'universel dont l'origine remonte à la *Science de la logique*. Tous les auteurs post-hégéliens devront ainsi se référer à la logique hégélienne soit par un mouvement d'identification soit de rejet. La logique de l'être, comme *proton pseudos* de l'idéalisme, marquerait ainsi le vice original de la métaphysique, puisque cette logique de l'être anticiperait sur la subjectivité du sens, développée ultérieurement dans la logique de l'essence et du concept. La volonté extrême de l'hégélianisme débouche alors sur une philosophie de l'identité : identité du concept ou de l'être (*logos*) et du sujet[187]. Ce rationalisme de l'identité donne lieu à une métaphysique-boîte d'optique[188], propre à la métaphysique occidentale.

Cette hypostase du principe d'identité se retrouve aussi dans le marxisme puisqu'il joue à plein dans la *Dialectique de la nature* de Friedrich Engels, héritier de la *Naturphilosophie* des Romantiques et de la physique spéculative de Schelling[189]. Un des dénominateurs communs à l'Ecole de Francfort apparaît justement comme la « dialectique » qui ne peut « s'étendre à la nature comme principe d'explication universel »[190], ce qui distingue fortement l'Ecole de l'*Histomat* et du *Diamat*, rapprochant par là-même Theodor Adorno de Jean-Paul Sartre. Ce destin du concept s'élargit au point d'englober l'histoire de la philosophie elle-même. Theodor Adorno s'efforce alors d'y déceler une dynamique contradictoire, d'où un rapport ambivalent à l'hégélianisme « de gauche »[191] et un refus unilatéral du positivisme.

3. Hégélianisme et refus du positivisme

Theodor Adorno réitère sa critique de l'activisme qui prétend réduire la théorie à la *praxis*. Les philosophies dites de la *praxis* ont en effet tendance à abaisser toute réflexion et à transfigurer l'idéologie en fonction ancillaire de la pratique[192]. Adorno vise non seulement les « fonctionnaires du *Diamat* »[193], mais aussi Karl Korsch qui dénonçait « le tournant vers la non-identité » comme un tribut payé au hégélianisme de gauche pour se fondre dans une des nuances de celui-ci et apparaissant en conséquence comme « historiquement dépassé »[194].

L'entreprise adornienne s'avère être au contraire une « troisième voie » - refusant l'*Abbildtheorie* des philosophes de la *praxis* tout autant que l'idéalisme absolu. Cette troisième voie passe indéniablement par la reconnaissance de l'indépendance théorique, laquelle fonde en retour l'intérêt même de la *praxis*[195]. Cette reconnaissance s'offre alors comme un des critères distinctifs de la Théorie critique et du marxisme. Rappelons que ce sursis accordé à la philosophie opère une contre-révolution théorique ou une révision des *Thèses sur Feuerbach*, à une époque où la *praxis* s'avère elle-même non maîtrisable et irrationnelle. Reconnaître la théorie face à l'oubli de la *praxis* suppose alors non pas tant un dépassement de l'hégélianisme qu'un déplacement vers cette troisième voie. Celle-ci se pose comme défense contre l'oubli opérant en parallèle d'une « restauration philosophique »[196]. Ne pas oublier, c'est se remémorer, réintégrer le particulier, le négatif, le fragment dans le flux historique. Ne pas oublier signifie que le salut a un caractère messianique et rédempteur. En opposition, tout positivisme se fonde sur l'oubli de l'altérité et propose par là une réconciliation avec l'étant brut, prétendument rationnel.

A l'instar de Walter Benjamin, Theodor Adorno pense ainsi que l'oubli est aveuglement, tandis que la nostalgie de l'altérité permet au contraire une « philosophie au point de vue de la rédemption »[197]. Toutefois, la remémoration ou négation de l'oubli n'est pas retour au positivisme puisqu'elle se pose comme refus d'un matérialisme du reflet ou de l'image (*Abbild*), ceux-ci désacralisant l'altérité messianique, oubliant à leur tour l'écart irréductible devant persister entre le réel et le rationnel. L'oubli de l'altérité messianique conduit soit au positivisme relevant en dernier lieu d'une glorification de l'état de fait existant, soit aux philosophies de la *praxis*, lesquelles négligent le fondement théorique de ce concept de *praxis*[198].

Ce rappel théorique de l'altérité implique une reconnaissance de l'utopie qui peut opérer à rebours comme nostalgie. Celle-ci, en parallèle de l'interdiction biblique de se forger une image de Dieu, se présente comme iconoclaste et introduit à une théologie négative, développement de la dialectique négative[199]. Cette négation est appel à la transcendance, au- delà du contexte d'aveuglement inhérent à l'histoire. Cet aveuglement, fondé sur l'identification, doit laisser place à une logique de la dislocation, en rupture avec l'idéal classique de la philosophie qui vise l'identification conceptuelle, idéal aussi dans l'ontologie tardive et archaïsante d'Heidegger. L'*individuum inneffabile*[200] devient ainsi constituant irréductible de l'histoire, non subsumable, non déductible. Or justement l'hégélianisme, enclin à l'identification conceptuelle, subsume la négation et par ce biais procède « de façon méthodique »[201]. Theodor Adorno se pose ici en critique hégélien de l'hégélianisme, mais vise-t-il par là-même Hegel ? La méthode est à entendre comme processus externe de réflexion vis-à-vis de la chose, sur le mode du *Verstand.* Cette condamnation de Theodor Adorno rappelle la distinction opérée entre système et méthode par Friedrich Engels et la filiation marxiste (Georg Lukács) ; distinction semble-t-il peu hégélienne, puisqu'elle juxtapose deux catégories sur le mode de l'entendement abstrait[202].

Selon Theodor Adorno, l'accent méthodique apparaît chez Hegel en ce sens que « le sujet doit donner au non-identique réparation de la violence qu'il lui a faite »[203]. Cependant, paradoxalement, la libération de l'identification ne peut se réaliser que par la médiation théorique, c'est-à-dire par le concept. Parallèlement à l'identification théorique, le modèle économique existant repose lui aussi sur l'identification, c'est-à-dire sur « la réduction du travail humain au concept universel abstrait du temps de travail moyen »[204]. Ce principe théorique se fonde dans l'échange au sens économique. Theodor Adorno ne pratique-t-il pas ici une réduction, suivant l'*Abbildtheorie* de la pensée à un processus extrinsèque à son essence ? Ou encore, comment justifier le parallèle des sphères économiques – privilégiant la valeur d'échange reposant sur l'universalité abstraite, négligeant la valeur d'usage – et des catégories métaphysiques réduisant la réalité multiple à l'identité du *logos* ?

Theodor Adorno se contente juste de souligner ce parallèle. En conséquence, il peut affirmer que « l'identité est la forme originaire de l'idéologie »[205]. Ce caractère idéologique de la théorie de la connaissance n'est pas un produit tardif de la conscience puisqu'il se retrouve dans *l'adequatio rei et intellectus* du thomisme. Ainsi, l'onto-théologie et la métaphysique ultérieure proposent-elles une domination conceptuelle (*Begriff*) de l'objet vaincu et reconnu[206]. A l'opposé de cette domination, la théorie doit opérer le salut du non-identique, objet de la rédemption, la non-identification devenant *telos* du concept[207]. Cette rédemption contrecarre les catégories classiques et la distinction spécifique et générique des concepts, puisqu'elle ne propose plus une réduction taxinomique, à l'instar des méthodistes, mais une reconnaissance de l'être particulier de l'objet. Ainsi, elle dit « ce que quelque chose est, alors que le penser de l'identité dit ce sous quoi quelque chose tombe »[208]. Le particulier s'avère donc non subsumable et ne peut fournir une base spécifique d'induction conduisant à l'universel transcendant. Tel est l'idéal de mesure prôné par Theodor Adorno face à l'*hybris*[209] métaphysique qui réduit la chose au concept. Il s'agit donc de poursuivre « l'inadéquation entre la pensée et la chose »[210] et même plus, de « l'éprouver dans la chose »[211]. Cette épreuve théorique débouche sur l'aporie[212] du concept et implique une philosophie de l'histoire et une théorie de la connaissance résolument anti-positiviste.

Ainsi, toute position qui prétend saisir l'en-soi est-elle douteuse, la violence du concept rejetant la souffrance de l'objet. Par extension, l'histoire de la philosophie – sous les espèces du positivisme et de l'*Universalgeschichte* – laisse peu paraître le négatif[213]. Cette parution du négatif n'est toutefois pas inexistante chez Hegel. Développant la dialectique sur le modèle du cercle, il ne la réduit pas au schéma abstrait, ternaire, schéma de l'entendement abstrait, méthodique et propédeutique. De plus, Hegel en arrive « à la conscience de l'essence négative de la logique dialectique développée par lui et ceci dès l'introduction à la Phénoménologie »[214].

Ce refus de l'acte identifiant par Theodor Adorno se prolonge en un rejet de la *Dialectique de la Nature* telle qu'elle sera développée par Friedrich Engels, objectivant la contradiction dialectique, par une identification du réel et du *logos*. De plus, ce refus s'accompagne d'une condamnation d'une des lois classiques de la dialectique dite loi de la négation de la négation, loi qui méconnaît le rôle du négatif[215]. Ce marxisme, c'est celui de la négation positive, lequel fonde une ontologie à base de catégories. Cette dialectique du positif va de pair avec le positivisme historique qui conduit alors à la reconnaissance de l'ordre et du progrès selon l'historicisme, ainsi le « positif est fétichisé en soi »[216]. En effet, le logicien de l'Identité tout comme l'historien positiviste supposent le primat du rationalisme positiviste et font ainsi violence à l'histoire tout en empochant le butin de celle-ci[217].

Bref, la dialectique se fonde sur la figure de l'altérité qui est refus du positivisme ; la dialectique hégélienne étant encore trop teintée par ce positivisme. L'altérité renvoie au messianisme judaïsant, prégnant au sein de l'Ecole de Francfort, messianisme porté par la nostalgie d'un nouvel ordre du monde, celui-ci ne pouvant pas toutefois faire l'objet d'une quelconque description mondaine, par nature désacralisante. Theodor Adorno reste ainsi fidèle au tabou juif qui interdit de prononcer le nom de Dieu, ou encore à l'interdit biblique relatif à l'image divine. La dialectique négative est donc iconoclaste[218], ce qui la distingue diamétralement du positivisme. Judaïsante, la dialectique négative est donc refus de la médiation, ou encore plus largement rejet de l'Incarnation, et donc du rationalisme absolu. « Violant la médiation »[219], Theodor Adorno repousse le « positivisme » hégélien de l'identité au profit d'un retour au néo-kantisme[220]. Ce retour s'opère comme valorisation du négatif, de l'antinomie et de la contradiction qui disparaît dans la *Vernunft* hégélienne. Le néo-kantisme d'Adorno joint l'antinomie à la monadologie leibnizienne.

L'objet historique, nié par le positivisme, doit ainsi être reconnu comme porteur de la contradiction et plus : d'une constellation historique. Le négatif de l'histoire universelle doit alors advenir à la réalité sous l'œil nouveau de l'historien puisqu'il peut faire l'objet d'une constellation historique[221]. Cette constellation n'est pas à subsumer sous le concept ou à analyser, à identifier, mais bien plutôt à décrypter et à déchiffrer[222].

Décrypter l'altérité n'est pas dominer l'étranger (*das Fremde*) afin d'être « partout chez soi », puisque cette domination assimile l'identification et la barbarie. Il ne s'agit donc plus d'assimiler ou d'incorporer l'autre, mais de reconnaître le droit à l'existence du particulier[223]. Or, Hegel transfigure le particulier et l'universalise en particularité, méconnaissant par là-même son caractère irréductible[224]. L'hégélianisme serait alors une philosophie du simulacre[225]. Celui-ci vaut comme dissimulation de l'altérité sous le masque de l'identification. La dialectique négative ne sera pas non plus une sociologie du savoir. Theodor Adorno polémique ici de nouveau contre l'hégélianisme de Georg Lukács et la théorie des idéologies de Karl Mannheim. Ces deux penseurs matérialistes fondent en effet un nouveau réductionnisme en discréditant la théorie philosophique face aux enjeux sociaux. Theodor Adorno affirme au contraire – face au positivisme sociologique – que le contenu de vérité d'une philosophie ne se réduit pas à sa fonction sociale[226]. En ce sens, la sociologie critique de l'Ecole de Francfort s'inscrit bien dans la tradition allemande non positiviste, contrecarrant le modèle français développé par Emile Durkheim.

Le danger du positivisme est d'ailleurs augmenté du fait qu'il peut laisser place à une apologétique philosophique[227]. Si le positivisme ou le rationalisme sont des formes de l'errance philosophique, proposant une histoire universelle, conceptuelle, il n'en est pas moins vrai que le retour au particulier ou au singulier ne nous livre pas l'ultime. Si le concept identifiant est un *flatus vocis*, un universel abstrait, le retour nominaliste à « l'individuel brut » est lui aussi philosophiquement borné. Et Theodor Adorno enregistre ici l'enseignement du marxisme qui montre que « la loi de la nature » … « dans le capitalisme se réalise au-dessus de la tête des hommes »[228]. Autrement dit, les individus ne sont pas l'ultime et ne font pas l'histoire, tout comme on ne peut pas davantage « se représenter un sujet transcendantal sans société »[229].

Le matérialisme développé ou enveloppé par la dialectique négative de l'Ecole de Francfort n'est donc pas un nominalisme. Il nous propose en contrepoint une saisie de l'universel dans sa tension avec le particulier, sans pour autant absolutiser un des deux termes de la contradiction. Il s'agit au contraire d'extrapoler les extrêmes et de saisir la tension absolue. Cette tension se polarise sur les extrêmes que sont l'esprit du monde et la nature, concepts non subsumables, ne pouvant faire l'objet d'une relève. La diversion opérée par l'hégélianisme fut la suivante : cette philosophie prétend saisir le détail et valorise le travail du négatif, mais celui-ci ne s'offre que comme instrument ou moyen terme permettant d'atteindre la finalité et l'identification. Ainsi la connaissance ou reconnaissance du détail opère-t-elle chez Hegel à rebours, c'est-à-dire en vue d'atteindre l'Esprit posé a priori comme Absolu[230].

A ce projet d'obédience hégélienne selon Theodor Adorno, un autre projet, celui de Walter Benjamin[231], offrirait un contre-modèle basé sur l'induction. Celle-ci croit circonscrire l'universel à partir du particulier sans universaliser abstraitement ce dernier, mais en le décryptant comme objet de constellation monadologique « contenant en abrégé » l'universel. Face à celui-ci, l'esprit du monde (*Weltgeist*) hégélien apparaît comme une hypostase franchement nominaliste[232]. Cette hypostase fait l'objet d'une analyse matérialiste classique indiquant que « ce n'est pas *l'histoire* qui va utiliser les hommes comme moyen pour parvenir à ses fins […] au contraire, elle n'est rien d'autre que l'activité de l'homme à la poursuite de ses fins. »[233] Ce qui ne signifie pas que l'homme maîtrise le cours de l'histoire puisque tout au contraire l'histoire reste et demeure préhistoire[234], ce qu'atteste la suprématie du collectif. Cette préhistoire tend à se justifier comme progrès en faisant appel au mythe de la *ratio*. L'histoire-évolution s'est donc dégradée en histoire-devenir et dans cet ensemble le progrès n'est que celui que prennent les différentes formes de la domination, pouvant ou non « relayer l'apologie du pouvoir ».

4. Positivisme juridique et négation

Le positivisme de Hegel, dans l'esprit d'Adorno, c'est-à-dire son rationalisme ou l'identification *logos* et réalité, est multiple donc logique, ontologique et juridique. Ainsi, « c'est surtout dans la philosophie du droit que Hegel rendit un culte au cours des choses »[235]. Précisons que la réalité valorisée par Hegel, c'est la réalité effective (*Wirklichkeit*) et non pas la réalité existante ou immédiate. Par sa caution du droit, Hegel aurait fourni ou renforcé l'idéologie du droit positif. Or, le droit reste dans l'esprit de Theodor Adorno « le phénomène primordial d'une rationalité irrationnelle »[236]. Il identifie la sphère juridique à un instrument de domination d'ordre idéologique « qui atteint sa plénitude dans le monde administré »[237].

Peut-on pour autant admettre la critique adornienne ? Nombre de commentateurs de Hegel ont relevé son libéralisme économique (Denis Henri)[238] ou juridique (Bernard Bourgeois)[239]. Devant une condamnation quelque peu hâtive du prétendu positivisme hégélien, Bernard Bourgeois réhabilite son libéralisme : « Les *Principes de la philosophie du droit* expriment l'affirmation étatique résolue des droits non étatiques ou non civiques des membres de l'Etat rationnel. Si l'Etat peut seul les faire exister, il ne dicte en tant que tel aucunement leur essence » ou encore, « de même que l'Etat affirme absolument les droits supra-civiques du citoyen, c'est-à-dire ses droits en tant qu'il est plus que citoyen, qu'il participe, pour s'y accomplir, à l'esprit absolu, dans l'art, la religion et la philosophie. »[240]

S'il en était ainsi, la critique de Theodor Adorno du positivisme hégélien serait déplacée. Mais Adorno opère une double critique. A travers l'hégélianisme, il perçoit surtout l'état de fait actuel, là où l'antagonisme des intérêts atteint son maximum au sein du monde administré. Ce qui ne l'empêche pas quelquefois de déceler des analogies entre cette réalité contemporaine et le système hégélien, d'où l'ambiguïté du rapport de l'Ecole de Francfort à l'hégélianisme, rapport ambivalent. Un même constat s'imposerait dans l'analyse du rapport entre l'Ecole de Francfort et le néokantisme.

Face au « positivisme juridique » hégélien, Theodor Adorno fait appel à la notion d'équité (*epieikeia*) aristotélicienne qui dénonçait auparavant le caractère universel abstrait de la norme juridique[241]. Alors que chez le Stagirite l'esprit l'emporte sur la lettre juridique, chez Hegel semble s'opérer un renversement puisque l'individu ne peut être indépendant vis-à-vis de la norme juridique. A l'encontre de cela, Theodor Adorno dénonce la négation du rationalisme hégélien face à une réalité qui n'est et qui ne peut être effective[242].

Cette réalité catastrophique ne doit toutefois pas conduire l'individu à un repli sur soi-même. En effet, le particulier, lui non plus, n'est pas l'ultime, comme le laisserait penser le voile idéologique de l'individualisme. Sur le plan philosophique, ce voile idéologique conditionné comme illusion socialement nécessaire, est celui du nominalisme[243]. Cette illusion peut prendre la forme abstraite d'un refus de la société et se réfugier dans des formes communautaires d'existence qui subsisteraient en deçà. Mais ce refuge est de l'ordre du mythe. Car l'individu ne peut s'abstraire de l'universel[244]. Cette prééminence du particulier, sans relation avec l'universel, fonde l'idéologie nominaliste qui opère aussi certainement dans l'existentialisme. Ou encore l'idéologie dite libérale apparaît à Theodor Adorno elle aussi comme un simulacre au sens où elle représente une « universalité qui célèbre habilement les hommes pour pouvoir mieux se dissimuler derrière eux, mieux les tenir en laisse »[245]. L'individu n'est donc pas dissociable de l'universel, que celui-ci se présente comme universel abstrait ou concret. Abstraite, elle l'est nécessairement sous sa forme juridique ; concrète, elle opère comme idéologie. Face à cela, Theodor Adorno en appelle à l'utopie, récusée par le nominalisme, allié du positivisme. Ainsi : « Ce à quoi le nominalisme s'accroche comme à sa plus sûre possession n'est qu'une utopie d'où sa haine contre la pensée utopique qui est la pensée de la différence par rapport à ce qui existe. »[246]

5. L'esprit du monde

Renversant les propositions hégéliennes, Theodor Adorno fait de la raison de l'Esprit du monde un « *index falsi* »[247]. Recherchant la négation essentielle sous-jacente à l'identité phénoménale, il proclame que « l'unité est la scission »[248]. Dans le même sens, l'irrationalité que présente le cours de l'histoire n'est pas une déviation contingente du cours de l'histoire mais lui est bien plutôt essentielle. En d'autres termes, il est de la nature de l'histoire d'être catastrophique ou encore d'être porteuse de *ratio*, c'est-à-dire d'une volonté de domination de la nature qui se transmute en domination de l'homme. Les Lumières sont le lieu du renversement qui s'opère entre une raison émancipatrice et la *ratio* qui signifie le retour du mythe[249]. La philosophie de l'histoire bourgeoise de Hobbes à Kant assume ce renversement mythique dans la philosophie politique, par la théorie du contrat qui prétend saisir « ce transfert nécessaire pour l'individu » vers la rationalité universelle. Autrement dit, la philosophie de l'histoire de Hobbes et de Kant n'atteint l'unité du particulier et de l'universel que sous la forme abstraite de l'entendement. Face au modèle clos du contrat social, Theodor Adorno propose une valorisation de l'utopie du particulier[250]. En accord avec Walter Benjamin, l'histoire universelle est dite idéologique[251]. Et Adorno décèle le caractère idéologique au sein de l'hégélianisme puisqu'il résout l'individu dans l'esprit du peuple selon certaines formules[252].

Hegel juge dans le même sens de la grandeur de l'action historique puisqu'il la met en relation avec l'universel, ce qui semble aboutir au bout du compte à une dissolution des individualités, au sein de ce Léviathan que serait l'esprit du monde à travers l'histoire. Et Theodor Adorno de citer Hegel : « Ce sont eux, les grands hommes d'un peuple, ils dirigent le peuple conformément à l'esprit universel. Les individualités disparaissent donc pour nous et n'ont de valeur à nos yeux que dans la mesure où elles inscrivent dans l'effectivité ce que veut l'esprit du peuple. »[253]

Theodor Adorno établit dans ce même esprit une filiation entre l'hégélianisme et le positivisme d'Emile Durkheim décelant un point commun qui serait le refus d'une dialectique de l'universel et du particulier avec comme point d'aboutissement la suprématie de celui-là[254]. Adorno se voudrait plus hégélien que Hegel, ce dernier n'assumant pas totalement la logique dialectique du particulier et de l'universel. Jouant sur l'ambiguïté du concept d'universel, qui prend aussi le sens de collectif, Adorno en infère que l'option hégélienne vise en dernier le primat non seulement logique (de l'universel) mais aussi politique du collectif, ce qui est éminemment discutable.

Contre l'hégélianisme qui transmute le particulier en particularité et contre l'économie libérale, il s'agit de démontrer l'illusion qui préside à la pseudo-réconciliation du particulier et de l'universel. Cette illusion est entretenue par le thème de la « main invisible », cautionnant l'harmonie établie ou pré-établie du marché économique. Le libéralisme peut aussi offrir une pseudo-réconciliation du particulier et de l'universel, lorsqu'il admet que le vice privé peut devenir vertu publique, ou encore que la passion première de l'homme (la crainte par exemple, chez Hobbes) peut être canalisée afin d'instaurer un Etat ordonné[255].

En opposition, Theodor Adorno y décèle non une ruse de la raison transfigurant le vice privé particulier en vertu publique ou universelle, mais bien plutôt la pérennisation du *bellum omnium contra omnes*[256]. La sortie hors de l'état de nature ou de la préhistoire n'a pas eu lieu, et l'emprise du processus d'universalisation de la valeur d'échange se fait de plus en plus prégnante. Cette emprise, Hegel la préfigure en quelque sorte lorsqu'il affirme que dans l'Etat « la liberté atteint son droit le plus élevé » ou encore que « tout ce que l'homme est, il le doit à l'Etat »[257]. Adorno distingue cependant au sein de l'hégélianisme la *Phénoménologie* (1807) qui ne glorifie pas la structure étatique de *La raison dans l'histoire* (1822-28-30) ou *Principes de la philosophie du droit* (1821) qui assumerait cette glorification. Theodor Adorno rapproche alors l'hégélianisme de la confusion antique[258], c'est-à-dire de la prééminence de l'universel sur le particulier aboutissant finalement à une dissolution de l'individu. Le kantisme[259] en opposition, offrirait une philosophie de l'histoire moins « réactionnaire », ne sacrifiant pas l'individu sur l'autel de l'universel. Malgré tout, la théorie de la ruse de la raison nous renvoie à la philosophie de l'histoire kantienne, mais Adorno reste sur ce point proche de Kant qui n'assume pas la relève des antinomies[260].

La pensée qui engloutit le particulier sous l'universel ou qui substantialise le particulier est d'ordre idéologique, selon Theodor Adorno, puisqu'elle négligera en dernier lieu la tension irréfragable et qui ne peut être relevée entre ces deux catégories. L'idéologie libérale est ainsi par définition nominaliste, faisant du particulier l'ultime, trompe les individus puisque, tandis qu'elle « leur fait miroiter l'isolement, ils agissent collectivement »[261]. A l'opposé, le collectivisme théorique affirmera la substantialité de l'universel. Mais dans les deux cas, nous avons affaire à deux formes théoriques idéologiques, relevant de l'entendement abstrait (*Verstand*) ou de la *ratio*, selon le terme de Theodor Adorno. L'homme, animal idéologique, devrait pourtant se libérer de cette emprise (*Bann*) par sa capacité de réflexion[262]. L'emprise est concomitante de la conscience réifiée et de l'angoisse au sens existentialiste. Toutefois, les existentialismes, en développant la catégorie d'angoisse, ne peuvent que renforcer l'emprise idéologique en en voilant le sens. L'angoisse n'est donc pas un existential constitutif du *Dasein,* mais tout au plus une catégorie existentielle relevant de l'idéologie et d'un jargon prétendument authentique[263]. Cette emprise idéologique est omniprésente et non seulement d'ordre théorique, puisqu'elle couvre le domaine de la communication[264]. Elle peut ainsi flatter l'individu, suivant le principe nominaliste, mais par delà tend à reproduire l'universel à son insu. Afin de se justifier, l'idéologie peut avoir recours à la biologie qui vise à la fonder comme loi naturelle[265]. Plus largement, la liberté peut se définir comme soumission à la loi, faisant du coup disparaître l'opposition entre la nécessité et la liberté[266]. Par ce biais, la liberté du particulier semble s'évanouir, ce qui replacerait Hegel en relation avec le modèle antique, tout comme « il a négligé, préludant à la pire des attitudes réactionnaires de l'Allemagne du XXe siècle, les formes qui ne viennent à maturité qu'avec la désagrégation de l'individualité »[267].

Il n'en reste pas moins que l'antipsychologisme hégélien a raison au sens où la psychologie individuelle est affligée de myopie[268], tout comme une certaine phénoménologie. Face à l'idéologie du progrès, qui perpétue l'emprise, Theodor Adorno annonce : « Le bonheur n'est pas un invariant ; seul est un invariant le malheur, qui trouve son essence dans la perpétuation du même. »[269] Rappelons que pour Hegel, l'histoire n'est cependant pas le lieu du bonheur, et que la satisfaction historique transcende les intérêts particuliers[270]. Par là même, Adorno reconnaît que Hegel corrige son propre optimisme historique[271]. Cette autocorrection est toutefois insuffisante dans l'esprit de Theodor Adorno, laissant intact l'édifice historiciste hégélien. Cette suprématie de l'universel et de l'Esprit du monde doit au contraire être dénoncée comme artifice, voulant se poser par le biais de la mystification comme loi de nature[272]. La légalité prétendue naturelle de l'idéologie doit ainsi laisser place à la réelle loi d'évolution, qui se base sur l'analyse de la marchandise et qui devrait se présenter comme phénoménologie de l'anti-esprit[273]. L'idéologie qui se prétend *phusei* n'est que *thesei*[274]. Pour la dévoiler, il faut opérer une vision « où nature et histoire deviennent l'un à l'autre commensurables »[275]. L'histoire se présente alors comme ruine (*Vergängnis*), selon le thème de l'histoire de Walter Benjamin[276]. L'histoire y est vue comme déclin (*Verfall*) ou décomposition (*Zerfall*). A travers cette ruine « aucune mémoire de la transcendance n'est plus possible, si ce n'est par l'intermédiaire de la ruine »[277] ou encore par un appel messianique, l'espoir est justement donné à ceux qui n'ont plus d'espoir.

NOTES

1. Cf. *Sozialisierung : Versuch einer begrifflichen Grundlegung*, Berlin-Fichtenau, 1921.
2. Cf. *Sombarts Widerlegung des Marxismus*, Leipzig, 1926, et *Die planwirtschaftlichen Versuche in der Sowjetunion* (1917-1927), Leipzig, 1929.
3. Cf. son texte essentiel : *Oriental Despotism : A Comparative Study of Total Power*, New Haven, Londres et New York, 1957, traduction Paris, Minuit, 1964.
4. L'installation réelle à Genève eut lieu en février 1933 et reposait sur 21 membres.
5. La parution de la revue francfortoise se fit sous le patronage des éditions Alcan.
6. C'est la *Sociological Review* qui servit ici de relais de transmission à la *Zeitschrift*.
7. Ce rattachement se fit dès 1934, sur la proposition de Butler.
8. 1876-1969. Il tenta de spécifier la méthode sociologique au sein des *Geisteswissenschaften*, dans la lignée de Georg Simmel.
9. Elève du marginaliste Böhm-Bawerk, il écrivit *La loi d'accumulation et d'effondrement du système capitaliste*, 1929. Cf. *Marx, die klassische Nationalökonomie und das Problem der Dynamik*, Francfort, 1969. Paris, éd. Champ Libre, 1975.
10. Cf. *Social Change and Prejudice*, New York, 1964.
11. Cf. *The Psychodynamics of Family Life*, 1958 et *Treating The Troubled Family*, 1966.
12. Cf. *The Intellectual Migration : Europe and America, 1930-1960*, éd. Donald Fleming et Bernard Bailyn (Cambridge, Mass, 1969). Dans la même optique, il supervisa les études de la sociologue Mirra Komarovski qui se pencha sur l'influence du chômage et ses conséquences sur la famille.
    Cf. *The Unemployed Man and his Family*, New York, 1940.
13. Max Adler (1873-1937). Il propose une interprétation néokantienne de Marx, en appelant à la suite de Ferdinand Tönnies, à une socialisation solidaire, devant se substituer à une socialisation non solidaire. Affirmant un réformisme, il fit appel au concept d'homogénéisation solidaire de la société, sans rejeter totalement les voies du parlementarisme.
14. Franz Borkenau (1900-1957). Cf. *Der Übergang vom feudalen zum bürgerlichen Weltbild*, Paris, 1934. Durant son exil en Espagne, il prendra cependant position contre le Komintern et sera nommé en 1949 professeur à Marburg.

15. Cf. *La psychologie de masse du fascisme*, Paris, Payot, 1972 (datant de 1933).
16. Cf. *La psychanalyse et la politique*, 1931.
17. Cette distance n'est toutefois pas absolue. C'est ce que laisse entendre Paul-Laurent Assoun : Cf. *L'Ecole de Francfort*, PUF, 1987, Paris, p. 17 : « [...] on trouve à l'horizon de l'Ecole de Francfort Ernst Bloch, dont la conception de l'utopie a rencontré les enjeux et les thèmes de la Théorie critique [...] »
18. *Über die Kraft und ihr Wesen.*
19. Heinrich Rickert (1863-1936). Dans *Kulturwissenschaft und Naturwissenschaft*, il développe une épistémologie de l'individuel, dans le sillage de la problématique des *Geisteswissenschaften.*
20. Cette catégorie prend appui sur la thèse de Michael Löwy : *Pour une sociologie des intellectuels révolutionnaires*, PUF, 1976, *passim.*
21. Dans *Gemeinschaft und Gesellschaft*, 1887, il distingue la communauté et la société, ou encore la *Kultur* et la *Zivilisation* qui s'opposent tragiquement. L'anticapitalisme romantique se présente alors comme volonté de retour ou nostalgie de la communauté perdue.
22. *Philosophie des Geldes*, 1900.
23. *L'Esprit de l'utopie*, éd. Gallimard, 1977.
24. Sur ce point, cf. Ernst Bloch et Georg Lukács. Actes du Colloque. Goethe Institut, Paris, 1985. Actes Sud, 1986. « Bloch et Lukács dans le cercle de Weber », p. 69-87.
25. Cf. *Marxisme-Utopie selon Ernst Bloch*, Paris, Payot, 1976. Article « Héritage et réalisme. E. Bloch dans le débat sur l'expressionnisme » (1937-38), p. 80-92.
26. Cette sympathie luxembourgiste l'éloigne alors quelque peu de Georg Lukács.
27. Editions UGE, Paris, 1964. Publié en 1921.
28. Editions sociales, Paris, 1974.
29. Editions Payot, Paris, 1974.
30. Ce texte marque bien la divergence en sein de l'esthétique marxiste entre l'hégélianisme de Georg Lukács (Cf. *L'Esthétique* de 1963 – *Asthetik* – 2 volumes, Luchterhand) et la *Dialectique négative* qui trace une filiation utopique à l'œuvre dans la tardive *Théorie esthétique* de Theodor Adorno.
31. Editions Gallimard, Paris, 1968.
32. Theodor Adorno entreprend une lecture de la réalité à partir du singulier, du fragment, décryptant la totalité ou l'universalité.

33. Durant cet exil sur la côte est des Etats-Unis, il ne rejoindra pas l'Institut de Francfort en exil. *Das Prinzip Hoffnung*, traduction aux éditions Gallimard, Paris, 1976-1982.
34. L'orthodoxie de Georg Lukács vis-à-vis du Parti Communiste Hongrois est toutefois beaucoup plus tangible puisqu'il en fut membre jusqu'à sa mort, en 1971.
35. Editions Payot, Paris, 1981.
36. C'est le thème développé dans la thèse : *Rickert und das Problem der modernen Erkenntnis*, 1908.
37. Paul-Laurent Assoun nous rappelle que Pollock participa à la fondation première de l'Institut : cf. *L'Ecole de Francfort*, PUF, Paris, 1987, p. 5 : « L'origine de l'Institut est l'initiative de Félix J. Weil, fils d'un négociant en grains, qui avait fait fortune en Argentine. Weil, docteur en sciences politiques, organisa la « Première Semaine de travail marxiste » (*Erste marxistische Arbeitswoche*) durant l'été 1922 à Ilmenau (Thuringe) à laquelle participèrent notamment Luckács, Korsch, Pollock, Wittfogel... »
38. Max Horkeimer le reconnaît à plusieurs reprises : cf. *Théorie traditionnelle et Théorie critique*. Préface p. 12 (avril 1968) Editions Les Essais, Gallimard 1974. Dans cette préface tardive portant sur le texte programmatique et fondateur de 1937, Horkheimer affirme : « Je suis redevable à Schopenhauer de mon premier contact avec la philosophie. En dépit de mon opposition politique avec lui, ni mes rapports avec la philosophie de Hegel et de Marx, ni ma volonté de comprendre et de transformer la réalité sociale n'ont pu effacer l'empreinte de sa pensée. »
    Cf. entre autres : *Die Aktualität Schopenhauer 42e Schopenhauer Jahrbuch*, 1961.
39. Cf. Hegel : *Principes de la philosophie du droit*, Préface, p. 55, éd. Vrin, 1989, Paris, trad. Robert Derathé.
40. Cf. *Psychologie als Erfahrungswissenschaft*, Leipzig, 1897 et *Transzendentale Systematik*, Munich, 1916.
41. Cf. plus généralement *Elementargesetze der bildenden Kunst*, 1908, Leipzig et sa *Kunstpädagogik*, 1920, Zürich.
42. Celui-ci dirigea l'Institut de 1923 à 1930. Jean-Marie Vincent y voit le représentant d'un marxisme routinier et positiviste auquel Horkheimer proposerait une alternative dès 1931.
    Cf. article « Max Horkheimer » in dictionnaire des philosophes, PUF, 1984, p. 1255, Paris.
43. Cf. *Anfänge der bürgerlichen Geschichtsphilosophie*, Stuttgart, 1930. Traduction Payot, 1974, Paris, suivi de *Hegel et le problème de la métaphysique* (1932).

44. Cf. l'exil en Suisse d'Ernst Bloch dès 1917, puis en 1933 et 1935, ou encore l'idéalisation en Suisse dans l'esthétique de Walter Benjamin. Dans l'essai sur le *Narrateur*, la Suisse y est présentée sous des traits épiques et faisant œuvre de paradis perdu face à la barbarie nazie. L'attrait de la Suisse est aussi marqué dans l'œuvre d'Hermann Hesse ou de Thomas Mann. Par sa neutralité, elle semble être le lieu d'élection privilégiée du *logos* face à la réalité catastrophique allemande, lieu d'humanisme face à l'absurde.
45. A noter que Bouglé et Halbwachs retiennent de l'Ecole en exil l'orientation sociologique de celle-ci. Nous savons que Halbwachs développa dans sa thèse *La classe ouvrière et les niveaux de vie* (1913) une approche empirique tout en formulant une théorie de l'aliénation. Enfin, son Esquisse d'une psychologie des classes sociales (1935) l'oriente dans le sillage de Durkheim et de Marx.
46. Cf. *Dialektik der Aufklärung*, en collaboration avec Th. W. Adorno, traduction française, Paris, Gallimard, 1974.
47. *Eclipse of Reason*, traduction française, Paris, Payot, 1974.
48. Texte de 1930, éd. Payot, Paris, 1980. Cf. *Anfänge der bürgerlichten Geschichtsphilosophie et Hegel und das Problem der Metaphysik*, S Fischer Verlag, Franckfurt am Main, 1970.
49. Cf. *op. cit.*, éd. Payot, p. 137.
50. Cf. la critique de Hegel envers Kant. *Encyclopédie*, p. 113, éd. Gallimard, 1970, trad. Maurice de Gandillac : « [...] il est capital de faire observer [...] que l'antinomie ne se rencontre pas seulement dans les quatre objets particuliers empruntés à la cosmologie, mais bien plutôt dans tous les objets de toute espèce, dans toutes représentations, tous concepts et toutes idées. »
51. Cf. Max Horkheimer, *op. cit.*, p. 137.
52. Cf. *Principes de la philosophie du droit*, éd. J. Vrin, 1989, Paris, trad. Robert Derathé. Préface p. 55 et *Encyclopédie, op. cit.*, p. 78
53. Cf. *Droit et liberté selon Hegel*, PUF, 1986.
    Cf. Guy Planty-Bonjour : « Droit, violence et liberté selon Hegel » p. 234-237. L'auteur rappelle les différentes interprétations de la formule exprimée dans la préface des *Principes de la philosophie du droit* : « *Was vernünftig, das ist wirklich, und was wirklich ist, das ist vernünftig.* »
    Cf. Rudoplh Haym, *Hegel und seine Zeit*, p. 369.
54. Cf. Hegel : *Encyclopédie*, p. 78-79.
55. Cité par Guy Planty-Bonjour, *op. cit.*, p. 235 : « *Was vernünftig ist, muss geschehen.* »

56. Cf. Max Horkheimer, *op. cit.,* p. 139.
57. Cf. *Ibid.*, p. 140.
58. Cf. *Ibid.*, p. 140.
59. Cf. *Ibid.,* p. 142.
60. Cf. *Ibid.,* p. 142. Max Horkheimer cite ici l'*Encyclopédie* (*op. cit.*, p. 78), trad. J. Gibelin, éd. Vrin, 1952, p. 32-33 pour Max Horkheimer.
61. Cf. Max Horkheimer, *op. cit.,* p. 145.
62. *Ibid.,* p. 145.
63. *Ibid.,* p. 147.
64. *Ibid.*, p. 147.
65. *Eclipse of Reason* (1947), trad. Payot, Paris, 1974.
66. *Ibid.*, p. 202, « Raison et conservation de soi ».
67. Cf. Max Horkheimer « Hegel et le problème de la métaphysique » (1932) in *op. cit.,* p. 151.
68. *Ibid.,* p. 151.
69. Cf. *De Vienne à Francfort. La querelle des sciences sociales,* éd. Complexe, 1979.
70. Cf. Max Horkheimer, *op. cit.*, p. 154.
71. *Ibid.*, p. 154.
72. *Ibid.*, p. 154.
73. Pour une explicitation de ces points précis, cf. R. Aron : *Introduction à la philosophie de l'histoire* (Essai sur les limites de l'objectivité historique), Gallimard, 1981 (1938) et *La philosophie critique de l'histoire*, J. Vrin, 1969.
74. Cf. la théorie de jeux de Newmann et Morgesnstern.
75. Cf. Max Horkheimer, *op. cit.*, p. 156.
76. *Marxisme et théorie critique*, p. 16-22, éd. Payot, 1978.
77. Cf. *Kant et Marx*, 1904.
78. Cf. *Marxisme et théorie critique*, p.21.
79. Cf. L'œuvre de Colletti, en particulier : *Le marxisme et Hegel,* éd. Champ Libre, Paris, 1976.
80. Cf. *Théorie traditionnelle et Théorie critique*, Max Horkheimer (1937). Les Essais, Gallimard, 1974, trad. Claude Maillard et Sibylle Muller.
81. *Ibid.,* p. 272 in « Autorité et famille », 1936, p. 219-307. « Personne n'a vu plus clairement que Nietzsche le rapport entre cette situation générale et la philosophie idéaliste. » Hegel, dit-il, « a implanté dans les générations imprégnées de sa pensée, cette admiration de la *puissance de l'histoire* qui se métamorphose à chaque instant en admiration sans voiles du succès et conduit à l'idolâtrie du réel. »
82. Cf. *L'imagination dialectique*, Payot, 1977, Paris, p. 62.

83. Cf. *L'Ecole de Francfort*, PUF, 1987, Paris, p. 39.
84. in *Théorie traditionnelle et Théorie critique* (1937), *op. cit.*, « Autorité et famille » 1936, p. 219-307.
85. *Ibid.*, p. 293. Max Horkheimer fait ici référence au paragraphe 166 des *Principes de la philosophie du droit.*
86. *Ibid.*, p. 213.
87. *Ibid.*, p. 294.
88. *Ibid.*, p. 294.
89. *Ibid.*, p. 294. Cf. *Phénoménologie de l'esprit*, T2, Aubier, 1939, p. 20 (cité par Max Horkheimer). Cf. p. 19-20. : « Puisque c'est seulement comme citoyen qu'il est effectif et substantiel, l'être singulier, en tant qu'il n'est pas citoyen et appartient à la famille, est seulement l'ombre sans force et ineffective. »
90. Cf. « Matérialisme et métaphysique » (1933), p. 117 (p. 91-133) in *Théorie traditionnelle et Théorie critique* (1937).
91. Cf. Lewis Henry Morgan, *La société archaïque*, Paris, éd. Anthropos, 1971 (cité par Max Horkheimer). Erich Fromm, « Die Sozialpsychologische Bedeutung der Muterrechts-theorie » in *Zeitschrift für Sozialforschung*, III, 1934, p. 196 sq (cité par Max Horkheimer) et Friedrich Engels *L'origine de la famille, de la propriété privée et de l'Etat,* trad. J. Stern, Paris, éd. Sociales, 1971 (cité par Max Horkheimer).
92. Cf. *Gesammelte Schriften* II – 1 p. 219-233 (1935).
93. Pour cette définition de l'anticapitalisme romantique à l'œuvre dans les milieux judaïsants. Cf Michael Löwy, *Pour une sociologie des intellectuels révolutionnaires,* PUF, 1976, *passim.*
94. Cf. Max Horkheimer, *op. cit.*, « Autorité et famille », p. 296.
95. Max Horkheimer. *Ibid.,* p. 296.
96. *Ibid.,* p. 296-297. Dans les *Principes de la philosophie du droit* (p. 166), Hegel marque l'opposition entre féminité et virilité. Ainsi la féminité repose-t-elle sur l'unité indéterminée de la sensibilité alors que l'homme s'impose par la conquête des connaissances et des techniques. Dans la note 21 (*add* au 166), Hegel rappelle : « les femmes [...] ne sont pas faites pour les sciences les plus élevées, ni pour la philosophie, ni pour certaines formes d'art » et un peu plus loin : « l'Idéal ne leur est pas accessible. », trad. Robert Derathé, J. Vrin, 1989, Paris, p. 204-205.
97. article de 1935 in *Théorie critique*, Payot, 1978, p. 169-212.
98. *Ibid.,* p. 183.
99. *Ibid.*, p. 184.
100. *Ibid.,* p. 184.
101. *Ibid.,* p. 179. Hegel « se sépare du formalisme relativiste de la philosophie kantienne. Il n'a donc pas besoin de fétichiser un

contenu isolé comme celui du devoir. » Nous apercevons ici le parallèle de la critique envers Kant, menée par Schopenhauer (Cf. *Le fondement de la morale*) et Horkheimer.

102. Cf. Horkheimer. *Théorie critique*, Payot, 1978, p. 70. L'auteur fait ici référence à Hegel, *Vorlesungen über die Philosophie des Weltgeschichte*, Lasson, p. 55.
103. Cf. Max Horkheimer, *Ibid.,* p.70.
104. Cf. entre autres *Le Roman policier* où l'auteur décrypte l'univers du polar à travers les catégories kantiennes, et Kierkegaard, éd. Payot, 1981, Paris, et cf. l'étude monographique : *Die Angestellten.* Il faut aussi souligner l'apport de S. Kracauer envers Walter Benjamin. Cf. *G. Schriften* III, p. 219-228.
105. *De Caligari à Hitler, une histoire du cinéma allemand* (1919-1933), éd. Flammarion, 1987, Paris.
106. Cf. Theodor Adorno: *Alban Berg : le maître de la transition infime*, Gallimard, 1989, traduction de l'allemand par Rainer Rochlitz, Paris, et *Musique de cinéma*, en collaboration avec Hanns Eisler, éd. L'Arche, 1972, et enfin *Philosophie de la nouvelle musique,* Gallimard, 1979, Paris.
107. Ces deux recours apparaissent très clairement exposés dans le *Vorbegriff* de l'*Encyclopédie* (1830) de Hegel, éd. Gallimard, 1970, p. 124-139.
108. Cf. *La Dialectique de la Raison*, Paris, Gallimard, 1974.
109. Cf. *Dialectique négative*, Payot, 1978, Paris. Traduit de l'allemand par le groupe du Collège de Philosophie.
110. Cf. T. Adorno et K. Popper, *De Vienne à Francfort. La querelle des sciences sociales*, éd. Complexe, 1979, trad. de *Der Positivismusstreit in der deutschen Soziologie*, 1969.
111. Cf. Paul-Laurent Assoun : *L'Ecole de Francfort*, PUF, 1987, Paris, p 12-13.
112. Cf. *Dialectique négative*, Payot, Paris, 1978, p. 11.
113. première parution, Francfort, 1966.
114. Cf. *Dialectique négative*, p. 4
115. *Ibid.*
116. *Ibid.,* p. 11.
117. Dans *Minima Moralia*, Payot, 1980, (éd. Suhrkamp, 1951), Theodor Adorno présente dans le même sens neuf « thèses contre l'occultisme », réponse posthume aux « thèses sur Feuerbach », cf. p. 222-230.
118. Ce dernier dénoncera l'activisme sous-jacent au fascisme rouge, cf. *Marginalien zu Theorie und Praxis*, p. 169 sq.
119. Cf. *Dialectique négative*, p. 11.
120. *Ibid.*, p. 12.

121. *Ibid.*, p. 12.
122. *Ibid.*, p. 13.
123. Sur cette opposition du dialectique et de la dialectique, cf. *Encyclopédie des sciences philosophiques en abrégé*, 1830. « Concept préliminaire », p. 140, trad. M. de Gandillac, éd. Gallimard, Paris, 1970, et trad. B. Bourgeois, éd. Vrin, Paris, 1970, et *Enzyclopädie der philosophischen Wissenschaften im Grundisse*, Suhrkamp, 1971, vol. 8, p 172-176.
p. 140 (trad. M. de Gandillac)
« & 81

I. Le dialectique, si l'entendement le prend séparé pour lui-même, constitue, surtout lorsqu'il est mis en lumière dans des concepts scientifiques, le *scepticisme* ; il contient la pure négation comme résultat du dialectique.

II. [...] Souvent aussi la dialectique ne dépasse pas un système subjectif de balancement [...] » (Mais Hegel précise un peu plus loin) « [...] la dialectique, au contraire, est un acte immanent de dépassement [...] »
Ce dépassement conduit au moment spéculatif ou positivo-rationnel.

124. Cf. la transformation ou le renversement de l'affirmation hégélienne en 1944 : « *Das Ganze ist das Unwahre* », *Minima Moralia,* 57.
125. Cf. Pierre V. Zima, *L'Ecole de Francfort, dialectique de la particularité,* éd. Universitaires 1974, réédité par les éd. l'Harmattan, Paris, 2006.
126. Cf. Theodor Adorno, *Dialectique négative*, p. 13.
127. *Ibid.,* p.13.
128. Cf. Hegel : *Encyclopédie,* 1830. « Concept préliminaire », p. 140, éd. Gallimard, 1970.
129. Traduction de Jacques Derrida. Dans la traduction de la *Science de la logique,* P. J. Labarrière et G. Jarczyk (Paris, Aubier, 1972) proposent le terme de sursomption.
130. Cf. *op. cit.,* p. 14.
131. Sur ce point, cf. la correspondance entre Theodor Adorno et Walter Benjamin.
132. Cf. *Dialectique négative*, p. 14. Nous apercevons en quel sens Theodor Adorno fait usage de la psychanalyse pour tenter une compréhension de l'histoire de la métaphysique ; cette tentation pouvant mener droit au réductionnisme freudo-marxiste.
133. *Ibid.,* p. 14.

134. Cf. « Thèses sur la philosophie de l'histoire », 1940, in *Essais* II, Gallimard, 1971-1983, et *Paris, Capitale du XIX*^{ème} *siècle*, éd. Cerf, 1989.

135. Cf. *Les débuts de la philosophie bourgeoise de l'histoire* (1930), suivi de « Hegel et le problème de la métaphysique » (1932), éd. Payot, Paris, 1980.

136. Cf. l'article de Theodor Adorno : « Fortschrift » in *Materialen zu Walter Benjamin Thesen. « Über den Begriff der Geschichte »*, éd. Suhrkamp, 1975, Frankfurt am Main, p. 149-169.
p. 155 : « Kant [...] Lehrt er [...] daβ der Antagonismus, die Verstricktheit des Fortschritts im Mythos, in der Naturbefangenheit von Naturbeherrschung, kurz, im Reich der Unfreiheit, vermöge seines eigenen Gesetzes zum Reich der Freiheit tendiere – später ist daraus Hegels List des Vernunft geworden [...]
Kants Lehre steht auf einer Passhöhe. Sie konzipiert die Idee jener Versöhnung (souligné par nous) als der antagonistischen *Entwicklung* immanent, indem sie sie aus einer Absicht herleitet, welche die Natur für den Menschen hege. »

137. Cf. *Dialectique négative*, p. 15.

138. *Ibid.*, p. 15.

139. Theodor Adorno, dans son appel au particulier réitère la démarche de Walter Benjamin développée dans son *Origine du Trauerspiel. Cf. Ursprung des deuschen Trauerspiels* (1927), trad. Origine du drame baroque allemand, éd. Flammarion, Paris, 1985.

140. La philosophie de l'immédiat s'affirme toujours avec forces médiations et se nie donc elle-même dans un mouvement contradictoire d'auto-suppresssion. Cf. B. Bourgeois, *Présentation de l'Encyclopédie des Sciences philosophiques,* Tome 1 : La logique, Paris, Vrin, 1970.

141. A ce sujet, cf. le jugement analogue d'Henri Hude : *Henri Bergson* (3 volumes).

142. Cf. *Encyclopédie*, p. 124-139, Gallimard, 1970.
p. 136 (chapitre 75) :
« On a ainsi démontré qu'il est factuellement faux qu'il y ait un savoir immédiat, un savoir qui serait sans médiation soit avec un *aliud*, soit en lui-même avec lui-même. »

143. Cf. *Dialectique négative*, p. 15.

144. Une démarche polémique et critique est entreprise dans le même sens par Maurice Merleau-Ponty. Celui-ci tente, dans son œuvre tardive - *Le Visible et l'Invisible* - de dégager une dialectique négative, en opposition à l'intuitionnisme de Bergson ou à celui visant une remémoration du monde sauvage.

145. Cf. *Dialectique négative*, p. 16.
146. Cf. *Ibid.*, p. 17.
147. *Ibid*, p. 18
148. *Ibid.*, p 18-19. Ce thème de désensorcellement du concept semble parallèle au désenchantement du monde wébérien (*Entzauberung der Welt*), avec lequel il constitue une homologie.
149. Cf. *Paris, Capitale du XIXème siècle*, trad. Jean Lacoste, éd. Cerf, 1989, et *Origine du drame baroque allemand*, éd. Flammarion, 1985.
150. Cf. *Dialectique négative*, p. 19.
151. *Ibid.*, p. 20. Par un curieux amalgame avec la psychanalyse, Theodor Adorno déclare que la sphère de l'indompté [...] a été rendue tabou par l'essence conceptuelle. »
152. Cf. « l'Esprit absolu » chez Hegel.
La vérité de l'Art est sa propre dissolution dans la Religion révélée, la réalité de l'Art se trouvant reléguée dans notre représentation (*Vorstellung*). De plus, la science philosophique –Esprit absolu – est unité de l'Art et de la Religion.
Cf. *La phénoménologie de l'esprit*, trad. Jean Hyppolite, éd. Aubier, 1977, Tome 2, p. 291-313.
153. Cf. Theodor Adorno, *op. cit.*, p. 20.
154. *Ibid.*, p. 20.
155. *Ibid.*, p. 23.
156. Ainsi le *Passage* exprime-t-il le fétichisme de la société de consommation (valeur d'échange). Ou encore la signification universelle doit-elle surgir des chocs produits par le montage des matériaux, de nature kaléidoscope. En résumé, l'universel n'englobe pas le particulier mais il émerge comme sens du particulier lui-même.
157. *Ibid.*, p. 23.
158. Ce refus de la catégorie de progrès rapproche quelque peu Theodor Adorno de la dénonciation de l'historicisme menée par Karl Popper.
Cf. *Misère de l'historicisme et La société ouverte et ses ennemis.*
Cependant, le rejet opéré par Theodor Adorno du positivisme libéral de Karl Popper reste indéniable.
Cf. Karl Popper, Theodor Adorno : *De Vienne à Francfort. La querelle des sciences sociales*, éd. Complexe, 1979.
159. Cf. Dialectique négative, p. 26.
160. Cf. *Dialektik der Aufklärung*, Amsterdam, 1947, trad. *La Dialectique de la Raison*, Paris, Gallimard, 1974.
161. Cf. *Dialectique négative*, p. 28.
162. *Ibid.*, p. 30.

163. Cf. *Modèles critiques*, éd. Payot, 1984, trad Marc Jimenez et Eliane Kaufholz.
164. Cf. *Dialectique négative*, p. 30.
165. Cf. la leçon inaugurale à l'Université de Francfort : *l'Actualité de la philosophie.*
166. Cf. Theodor Adorno, *Dialectique négative*, p. 32.
167. *Ibid.,* p.33.
168. Theodor Adorno, *op. cit.,* p. 34, fait de nouveau appel à Walter Benjamin : « Benjamin critique de façon pénétrante l'affirmation typiquement bourgeoise de Gottfried Keller selon laquelle la vérité ne saurait nous échapper. La philosophie doit renoncer à cette consolidation de croire que la vérité serait imperdable. »
169. *Ibid.*, p. 37.
170. *Ibid.*, p. 37.
171. *Ibid.*, p. 37.
172. *Ibid.*, p. 37.
173. *Ibid.*, p. 37.
174. Cf. *La science de la logique*, éd. Vrin, 1970, présentation par Bernard Bourgeois, *passim.*
175. Cf. B. Bourgeois, *op. cit.,* p. 10.
176. Cf. B. Bourgeois, *op. cit.,* p. 39.
177. Hegel se distingue bien de toute doctrine prônant la glorification positive de la force.
Cf. *La raison dans l'histoire*, UGE, Paris, 1967, p. 297 (annexe) : « L'histoire universelle n'est pas le tribunal où est jugée sa *force*, c'est-à-dire la nécessité abstraite et irrationnelle d'un destin aveugle. »
178. La critique de Theodor Adorno semble proche de Schopenhauer qui dénonce lui aussi la *verkappte Theologie* de l'historicisme hégélien.
179. p. 55, éd. Vrin, 1989, Paris, trad. Robert Derathé. Hegel revient sur cette formule en 1827 et en précise le sens dans la seconde édition de l'*Encyclopédie* (introduction, 6).
180. Cf. Theodor Adorno, *op. cit.,* p. 40
181. *Ibid.,* p. 41.
182. Cf. Theodor Adorno, *op. cit.,* p. 41.
183. cité par Theodor Adorno, *Ibid.*, p. 41, Tome I, p. 364 sq, trad. Jankélevitch. « La vérité de la qualité elle-même (est) la quantité. »
184. *Ibid.*, p. 45. Pour une évolution intrinsèque de l'existentialisme face au communisme. Cf. entre autres : *Humanisme et Terreur et Les aventures de la dialectique.*
185. Cf. *Jargon der Eigentlichkeit.*

186. Cf. *Kierkegaard, construction de l'esthétique* (1929-30) publié en 1933.
187. Cf. *Dialectique négative*, p. 111. « Dans la première remarque à la première triade de la logique, Hegel se refuse à commencer avec le quelque chose plutôt qu'avec l'être [...] Il anticipe ainsi l'œuvre tout entière qui veut mettre en évidence le primat du sujet dans son sens [...] D'ailleurs Hegel ne peut lui-même supporter la moindre trace de non-identité dans le début de la logique, trace que le mot *quelque chose* rappelle. »
Cf. *Science de la logique*, Tome I, éd. Aubier-Montaigne, Paris, 1969, trad. Par Serge Jankélévitch, p. 73.
188. Cf. *Dialectique négative*, p. 114.
189. Cf. la *Zeitschrift für Spekulative Physik.*
190. Cf. *Dialectique négative*, p. 116.
191. Cf. *Ibid.*, p. 117. *Rapport à l'hégélianisme de gauche.*
192. Cf. *Ibid.*, p. 117.
193. *Ibid.*, p. 117.
194. *Ibid.*, p. 117.
195. *Ibid.*, p. 117. Ainsi : « sans elle (*id. est* la théorie), la *praxis* qui veut toujours transformer ne pourrait être transformée. »
196. *Ibid.*, p. 118.
197. Cf. *Minima Moralia*, p. 333, 1964, Frankfurt/Main et *Drei Studien zu Hegel*, 1963, p. 104.
198. Cf. *Dialectique négative*, p. 118. « [...] la *praxis* ; elle-même [...] un concept éminemment théorique. »
199. Cf. Walter Benjamin, *Thèses* de 1940.
200. Cf. *Dialectique négative*, p. 118.
201. *Ibid.*, p. 118. « Hegel voulut une philosophie sans forme détachable, sans méthode manipulable indépendamment de la chose, et procéda pourtant de façon méthodique. »
202. Pour le caractère superficiel de cette critique du hégélianisme : cf. François Châtelet, éd. du Seuil, Hegel, 1968, et Bernard Bourgeois : *La science de la logique*, Vrin, 1970, introduction, *passim.*
203. Cf. *Dialectique négative*, p. 119.
204. *Ibid.,* p. 119.
205. Cf. *Dialectique négative*, p. 121.
206. Cette même réduction de l'*aletheia* gouverne ainsi le thomisme et l'hégélianisme. *Ibid.*, p. 121. « [...] l'adéquation exulte et savoure sa victoire en faisant la détermination de la chose vaincue [...] »
207. *Ibid.*, p. 121.
208. *Ibid.*, p. 121.

209. *Ibid.*, p. 122.
210. *Ibid.*, p. 124.
211. *Ibid.*, p. 124.
212. *Ibid.*, p. 124. « Les concepts aporétiques de la philosophie sont les marques de ce qui n'est pas résolu. »
213. *Ibid.*, p. 124. L'appel de Theodor Adorno à Georg Simmel renvoie aussi à Walter Benjamin.
214. *Ibid.*, p. 127. Rappelons dans le même temps que Hegel n'a jamais glorifié l'état de fait existant et la positivité de son temps, irréductible à l'effectivité. Pour plus d'explication : cf. *Hegel et l'Etat*, E. Weil, Vrin, 1950.
215. *Ibid.*, p. 128 « L'assimilation de la négation de la négation à la positivité est la quintessence de l'identifier. »
216. *Ibid.*, p. 129.
217. La violence faite à l'histoire, dénoncée par Theodor Adorno, nous replace dans l'œuvre de Walter Benjamin qui en appelle lui aussi à une lecture de l'histoire qui opérerait à *rebrousse-poil*. Cf. *Dialectique négative*, p. 129.
218. Cf. *Dialectique négative*, p. 163-164. « Ce n'est que sans image qu'il faudrait penser l'objet dans son intégrité. Une telle absence d'images converge avec l'interdit théologique des images. Le matérialisme le sécularisa en ne permettant pas qu'on dépeigne positivement l'utopie : c'est là le contenu de sa négativité. »
219. Cf. *Présences d'Adorno* (*Revue d'Esthétique* n° 1, 1975). Cf. p. 193-206 : « Adorno et le viol de la médiation », Michel I. Makarius.
220. L'interprétation de G. Raulet et de P-L. Assoun va en ce sens puisqu'elle met en relation austro-marxisme, néokantisme et Ecole de Francfort. Cf. *Marxisme et Théorie critique*, Payot, 1978, p. 16 : « [...] Hegel avait reproché au kantisme d'être plat et d'être une philosophie *juive* (refusant l'Incarnation). Tel semble être aussi le sens du kantisme de l'Ecole de Francfort : le retour à la non-réconciliation pré-hégélienne [...] »
221. La mention de la monadologie est déjà opérée par Horkheimer et surtout par Walter Benjamin (cf. *Thèses sur la philosophie de l'histoire*, 1940) in *Essais 2,* éd. Gauthier/Denoël, Paris, 1971-1983.
222. Cf. *Dialectique négative*, p. 132 : « déchiffrer l'histoire que le singulier porte en lui ».
223. *Ibid.*, p. 139.
224. *Ibid.*, p. 139. « A la place du particulier, il glisse le concept universel de particularisation [...] »
225. *Ibid.*, p. 139.

226. *Ibid.*, p. 156-157.
227. Il en va de même pour le néo-positivisme nominaliste.
228. *Ibid.*, p. 158.
229. *Ibid.* p. 158. La critique de l'abstraction kantienne ou husserlienne opère ici d'un point de vue hégélien.
230. *Ibid.*, p. 237.
231. *Ibid.*, p. 237-238. « A cette tautologie s'oppose le projet métaphysique de Benjamin, développé dans la préface à l'*Ursprung des deuschen Trauerspiels*, de sauver l'induction. Sa devise : la plus petite parcelle de réalité observée pèse aussi lourd que le reste du monde, est un témoignage précoce de la conscience de soi atteinte aujourd'hui par l'expérience [...] »
232. *Ibid.*, p. 238.
233. Marx cité par Adorno. Cf. *La Sainte Famille*, in *Œuvres philosophiques,* T. 2, 1947, p. 165, trad. Molitor.
234. *Dialectique négative*, p. 241.
235. *Ibid.*, p. 242.
236. *Ibid.*, p. 242.
237. *Ibid.*, p. 242.
238. Cf. *Logique hégélienne et systèmes économiques*, PUF, 1984.
239. Cf. *La pensée politique de Hegel*, PUF, 1969.
240. Cf. *Hegel et les droits de l'homme*, PUF, 1986, Paris, in *Droit et liberté selon Hegel*, p. 33-34.
241. *Dialectique négative*, p. 242.
242. *Ibid.*, p. 243. « La violence de l'universel [...] n'est pas, comme le pensait Hegel, identique à l'essence des individus, mais elle lui est également toujours contraire. »
243. *Ibid.*, p. 244.
244. *Ibid.*, p. 245 (Theodor Adorno réitère ici sa polémique vis-à-vis de la phénoménologie, entre autres). « L'individu ne rencontre aucune expérience, et même sans aucune *matière de l'expérience*, qui ne soient prédigérées et fournies par l'universel. » On voit tout ce qu'une telle critique – visant l'entendement abstrait – doit à l'hégélianisme.
244. *Ibid.*, p. 245.
246. *Ibid.*, p. 245.
247. *Ibid.*, p. 248.
248. *Ibid.*, p. 248.
249. *Ibid.*, p. 248. Les Lumières (*Aufklärung*) servent vraiment de support à la dialectique : celle-ci a lieu à l'intérieur même de leur concept. »
250. *Ibid.*, p. 248.

251. *Ibid.,* p. 249. Les formules de Theodor Adorno sont sans ambiguïté : « Aucune histoire universelle ne conduit du sauvage à l'humanité civilisée, mais il y en a très probablement une qui conduit de la fronde à la bombe atomique » ou plus loin : « « Il faudrait définir l'Esprit du monde, digne objet de définition, comme catastrophe permanente. »

252. Cf. Hegel : *La raison dans l'histoire*, éd. UGE, 1965, p. 81 (cité par Adorno, *op. cit.,* p. 253). « Aucun individu ne peut dépasser les limites que lui assigne cette substance. Il peut bien se distinguer des autres individus, mais non de l'Esprit de son peuple. »

253. Hegel (*op. cit.*), p. 81 (cité par Adorno, *op. cit.,* p. 254). En outre, Hegel affirme un peu plus loin, ce qui contrecarre les assertions de Theodor Adorno : p. 81 : « L'Esprit populaire est essentiellement un Esprit particulier, mais en même temps il n'est autre que l'Esprit universel absolu – car celui-ci est unique. » (trad. Kostas Papaioannou). Peut-on en inférer qu'Hegel subordonne définitivement le particulier sous l'universel ?

254. Cf. Theodor Adorno, *op. cit.,* p. 254-256. « Mais c'est justement de la lutte de la mort du particulier, que résulte l'universel. Celui-ci n'en est pas troublé. » Cf. Hegel, *op. cit.,* p. 129.

255. Ce refus du libéralisme vise aussi bien Hobbes (cf. *Léviathan*, 1651), Adam Smith (cf. *Recherches sur la nature et les causes de la richesse des nations*, 1776) mais aussi Mandeville (cf. *La fable des abeilles*, 1714).

256. Theodor Adorno, *op. cit.*, p. 261.

257. *Ibid.*, p. 263. Hegel, *op. cit.,* p. 136. Hegel affirme un peu plus loin (p. 137) contre un prétendu étatisme : « On pourrait dire que l'Etat est la fin et les citoyens les moyens. Mais le rapport fin-moyens n'a pas de validité ici, car l'Etat n'est pas une abstraction qui se dresse face aux citoyens, mais ceux-ci sont ces moments, comme dans la vie organique où aucun membre n'est la fin ou le moyen d'un autre. Ce qu'il y a de divin dans l'Etat, c'est l'Idée telle qu'elle existe sur terre. »

258. *Ibid.,* p. 263 (Theodor Adorno).

259. *Ibid.*, p. 264.

260. Cf. *Idée d'une histoire universelle du point de vue cosmopolitique*, 1784. L'idée de plan de nature confirme l'aspect téléologique de la philosophie de l'histoire, aspect tempéré par l'insociable sociabilité de l'homme.

261. Cf. Theodor Adorno, *op. cit.,* p. 269.

262. *Ibid.,* p. 269 et p. 270. « Dans l'expérience humaine, l'emprise est l'équivalent du caractère fétiche de la marchandise. »

263. *Ibid.,* p. 270. « Ce qu'on appelle avec prédilection : angoisse, et qu'on élève à la dignité existentielle : c'est une claustrophobie dans le monde [...] elle perpétue l'emprise [...] ». Theodor Adorno réitère sa critique de Kierkegaard et de Heidegger, en opérant une étonnante réduction psychologisante de l'œuvre du philosophe danois.
264. *Ibid.,* p. 271. On comprend mieux l'opposition de Jürgen Habermas à certaines formules radicales de la *Dialectique négative* : « Tout ce qui s'appelle de nos jours communication, sans aucune exception, n'est que le bruit qui couvre le mutisme de ceux qui sont sous l'emprise magique. »
265. *Ibid.*, p. 272.
266. *Ibid.,* p. 273. Theodor Adorno vise ici de nouveau Hegel : « Puisque l'Etat, la patrie, constitue une communauté d'existence, puisque la volonté subjective de l'homme se soumet aux lois, l'opposition de la liberté et de la nécessité disparaît. » Cf. Hegel, *op. cit.,* p. 140.
267. *Ibid.*, p. 274.
268. *Ibid.*, p. 274.
269. *Ibid.*, p. 275.
270. Cf. Hegel, *op. cit.,* p. 115-116.
271. Cf. Theodor Adorno, *op. cit.*, p. 275.
272. Cette critique de la loi mystifiée (*mystifiziente Gezetz*) accomplie par Marx, est réactualisée par Adorno, cf. *op. cit.*, p. 276.
273. *Ibid.*, p. 277.
274. *Ibid.*, p. 278.
275. *Ibid.,* p. 280.
276. Cité par Theodor Adorno, cf. l'*Ursprung des deutschen Trauerpiels*.
277. *Ibid.*, p. 281.

Herbert Marcuse : Rappel biographique

« Compagnon de route » de l'Ecole de Francfort, il ne s'identifiera jamais totalement à l'Institut en optant lui aussi pour l'exil. Il est né en 1898 à Berlin, dans une famille d'origine juive et bourgeoise. Dans sa jeunesse, il se tourne vers la social-démocratie en 1917-1918. Il rompt avec elle lors de la révolution spartakiste de 1919. Au cours de celle-ci, il participe à un conseil de soldats. Toutefois, il ne rejoint pas le parti communiste, au contraire de l'engagement de Karl Korsch[1] et de Georg Lukács. Herbert Marcuse adoptera une position de repli vis-à vis de l'engagement politique, préférant opter pour l'utopie, en opposition à l'histoire mondaine apocalyptique. Ce refus de la réalité irrationnelle l'oriente bien dans une vision messianique de l'histoire, refusant le compromis. Herbert Marcuse rédige ensuite quelques articles pour la revue *Die Gesellschaft* et s'oriente vers la philosophie.

A Berlin et à Fribourg, il rencontre Husserl et Heidegger. Il y obtient un doctorat avec une thèse sur le roman d'artistes : *Künstlerroman.* Quelques temps plus tard, après avoir travaillé dans le monde de l'édition à Berlin, il rejoint Fribourg où il soutient sa «grande thèse» sous la direction de Martin Heidegger : *L'ontologie de Hegel et le fondement d'une théorie de l'historicité* (1932)[2]. Marqué par *Etre et Temps* (1927) de Heidegger, Herbert Marcuse y adopte des positions proches de la phénoménologie à partir de la *Lebensphilosophie* et de la problématique de Dilthey. Le texte d'Herbert Marcuse précède cependant la « conversion » vers l'Institut, devenue opérante dès lors qu'il prendra ses distances vis-à-vis de Martin Heidegger. Recommandé à Max Horkheimer par Kurt Riezler et par le biais de l'intervention de Husserl, il participe alors aux activités de l'Institut, ce qui le conduit à la rencontre de

Theodor Wiesengrund Adorno et de Walter Benjamin. L'évolution tracée par Herbert Marcuse le mène donc à la revue *Die Gesellschaft*[3] vers les *Philosophische Hefte*[4] et *comme terminus ad quem*, il aboutit à la *Zeitschrift* francfortoise. Travaillant à l'annexe de l'Institut à Genève où il s'exile dès 1933, il gagne Paris pour diriger en compagnie d'Adorno et d'Horkheimer la *Zeitschrift* pendant un temps. Dès 1934, il part pour les Etats-Unis où il développera une carrière indépendante et en retrait de l' « orthodoxie francfortoise ». Après 1934, il devient *Lecturer in sociology* et *senior fellow* au *Russian Institute* de l'Université de Columbia. Cependant, ses liens avec l'Institut durent jusqu'en 1940, période durant laquelle il publie de nombreux articles. Participant à la sociologie empirique de l'Ecole - par le biais des *Etudes sur l'autorité et la famille* (1936) - il s'en démarque dès 1938 dans *La critique de l'hédonisme*. Il y développe le thème du « bonheur véritable », relevant encore de l'utopie, thème développé de nouveau dans les écrits tardifs sous l'égide de la catégorie schillérienne de jeu. En 1941 paraît une relecture de Hegel[5] à la lumière de la Théorie critique, faisant contraste avec la thèse de 1932, le tournant tragique de l'histoire ayant eu lieu entre-temps (1933-1939).

Choisissant de rester aux Etats-Unis après la guerre, Herbert Marcuse publie *Le marxisme soviétique* (1958)[6], alors qu'il collabore au Centre de Recherche sur la Russie de Harvard (1952-1954). Notons que la double condamnation par Herbert Marcuse du nazisme, du marxisme soviétique, après la guerre, ne conduit pas à un rejet de l'hégélianisme. En opposition, il tend à disjoindre celui-ci de toute idéologie totalitaire et du nazisme en particulier. Ajoutons que l'affirmation ou la foi en la rationalité du réel ne disparaît pas totalement dans la philosophie d'Herbert Marcuse. C'est ainsi que dans la thèse de 1932, il ne met pas en question le postulat hégélien de l'identité, véritable pomme de discorde au sein de l'Ecole de Francfort. Même en 1941 dans *Raison et révolution*, l'hégélianisme n'y apparaît pas totalement récusé, ce qui le conduit à s'éloigner du duumvirat : Theodor Adorno/Max Horkheimer[7]. Cependant, l'hégélianisme d'Herbert Marcuse ne le conduit pas à une glorification de l'état de fait existant, du positif.

En 1954, il devient professeur de philosophie politique à l'Université de Boston où il collabore jusqu'en 1965 (Université Brandéis). Il publie alors *Eros et civilisation* (1955)[8] et *L'homme unidimensionnel* (1964)[9]. Dans le texte de 1955, il propose une relecture de *Malaise dans la civilisation* (1929) et par delà du freudisme ; relecture qui trouvera un écho dans le texte de Normann O. Brown : *Eros et Thanatos* (1959) ou encore chez Erich Fromm. Cependant, Herbert Marcuse prendra ses distances vis-à-vis du néo-freudisme américain, transformant la psychanalyse en une pratique sociale d'adaptation passive face à la réalité[10]. Herbert Marcuse, en opposition, développe les catégories de surrépression et de principe de rendement ; ce dernier se substituant au principe de réalité freudien. Tout en n'acceptant pas la réconciliation du réel et du rationnel, Herbert Marcuse n'en rejette pas moins tout irrationalisme. Ce rejet le conduit à refuser le dualisme dit fataliste des catégories d'Eros et de Thanatos chez Freud.

Dans *L'homme unidimensionnel* (1966)[11], il adopte un profil sociologique - en prenant appui sur Whyte, Riesman, C.Wright, Mills - pour aboutir à une « phénoménologie » de l'existence aliénée, qui rétablit un fil conducteur de sa démarche, nous replaçant dans le sillage de la thèse de 1932. Il y dénonce la réconciliation avec le système d'échange, rappelant les catégories lukácsiennes de réification et de fétichisme. L'accent est mis sur la dénonciation du *statu quo* réconciliateur. A cette époque, Herbert Marcuse, maître penseur de la Nouvelle Gauche Américaine, enseigne à l'Université de San Diego (Californie) de 1965 à 1979.

Il interviendra à l'Université libre de Berlin-Ouest, en 1967, ou encore lors du Colloque à l'Unesco en 1968 et durant les XXIIe Rencontres Internationales de Genève en 1969. Ses derniers textes : *Vers la révolution* (1970)[12] et *Contre-révolution et révolte* (1972)[13] font la continuité avec les analyses précédentes. Elaborant dans les derniers temps une esthétique du refus de la réalité, il tend à se rapprocher de l'Ecole de Francfort puisqu'il rencontre nombre de thèmes de la *Théorie esthétique* inachevée de Theodor Adorno. Le dénominateur commun reste au sein de ces deux esthétiques l'ouverture possible vers l'altérité, ouverture messianique par essence.

Eric Fromm : rappel biographique

Né à Francfort en 1900, ce psychanalyste américain d'origine allemande a été élevé dans un milieu religieux. Imprégné de messianisme, il s'écartera peu à peu de l'Ecole de Francfort. Il suit des études classiques de philosophie et de psychologie à l'Université de Heidelberg (1922) puis il se rend à Munich afin d'étudier la psychanalyse, enfin il fréquentera l'Institut psychanalytique de Berlin. Entre-temps, son ouverture au messianisme le lie dans les années 1920 au cercle de Rabbi Nobel et il participe à la fondation du *Freies Jüdisches Lehrhaus*. Ce cercle était fréquenté entre autres par Martin Buber[14]. Toutefois, le sionisme des membres ou des Compagnons de route de l'Ecole de Francfort n'est pas aussi marqué que celui des membres du *Freies Jüdisches Lehrhaus* (fondé dès 1920 par Franz Rosenzweig)[15]. Ainsi, Erich Fromm gardera-t-il ses distances vis-à-vis de Martin Buber, tout comme Walter Benjamin se démarquera du sionisme militant de Gerschom Scholem. Le parallèle entre Erich Fromm et Walter Benjamin se trouve renforcé par une communauté d'intérêts. Tous deux entreprendront la lecture de Johan Jacob Bachofen et revaloriseront son analyse du matriarcat[16] en opposition à l'évolution patriarcale, propre à un certain courant de l'*Aufklärung*.

Erich Fromm se dirige quant à lui vers la pratique analytique. Il fait la rencontre d'Hans Sachs et de Theodor Reik. Il fonda plus tard en compagnie de sa femme Frieda Reichmann, un établissement analytique à Heidelberg. Notons que sa femme fut formée à l'école de Kurt Goldstein[17] et d'Emil Kraeplin. Kurt Goldstein travaillera d'ailleurs avec le gestaltiste Adhemar Gelb[18], ce dernier ayant contribué à la formation de Theodor W. Adorno et de Max Horkheimer.

Erich Fromm, analyste paradoxal puisque sa formation n'est pas médicale, collabore en premier lieu à des revues psychanalytiques : *Zeitschrift für psychoanalytische Pädagogik* et *Imago* (1926). En 1928, il devient membre de l'Institut francfortois, ses premiers textes traitant de la religion chrétienne et de la symbolique. Cet intérêt pour la religion le mènera d'ailleurs sur les voies de la philosophie comparée[19]. Mais la collaboration réelle à la *Zeitschrift für Sozialforschung* ne date que de 1932 ; son projet étant de développer une psychologie sociale avec l'apport des deux maîtres du soupçon : Freud et Marx.

Contraint à l'exil face à l'Allemagne nazie, Erich Fromm s'installe aux Etats-Unis (1934). Il ne réintègrera pas l'Ecole de Francfort après guerre, contrairement à Th.W. Adorno ou Max Horkheimer. L'orientation de la pensée d'Erich Fromm se tourne alors vers la psychologie sociale, ce qui l'éloigne des débats « métaphysiques » spécifiques du « Vieux continent ». Aux Etats-Unis, il enseigne à Columbia, Yale, Michigan et à l'institut de psychiatrie William-Alanson-White. Entre-temps, il a marqué ses distances vis-à-vis du freudisme dès 1935. Et les études menées en Allemagne[20] insistaient déjà sur ce tournant dans la pensée d'Erich Fromm. Ses rapports avec l'Institut cesseront en 1939, il entreprendra alors une carrière propre.

Dans *L'homme pour lui-même* (1947), il adopte une position proche du culturalisme[21], plus apte à développer une « thérapie sociale ». Avec l'appui de Karen Horney, il expose une théorie de la personnalité, à base de psychologie sociale et du moi (*ego psychology*). Karen Horney dénoncera aussi l'aspect patriarcal inhérent au freudisme et prétendra substituer le facteur social à la théorie des pulsions, en particulier à la pulsion de mort, comme déterminant essentiel du psychisme. Durant cette période d' « acclimatation » avec le culturalisme, il publie *Psychoanalysis and Religion*[22], *The sane society*[23]. En 1955, il se rend à Mexico où il dirige le département de psychanalyse de l'Université. Enfin, il réintègre les Etats-Unis en 1962 et enseigne la psychologie à New-York. Il publie alors en 1963 : *The Dogma of Christ and other Essays on Religion, Psychologie and Culture*[24], reprenant quelques articles des années 1930. Notons aussi : *The crisis of psychoanalysis. Essays on Freud, Marx and social psychology*[25], *Anatomy of Human destructions*[26] et *To have or to be*[27].

Jürgen Habermas : rappel biographique

Né à Düsseldorf (1929), il a grandi dans un milieu bourgeois à Gummersbach. Premier *goy* de l'Ecole de Francfort, il a eu un pasteur comme grand-père. Ses études de philosophie le conduisent à Göttingen, où il fait la rencontre de Nicolaï Hartmann. A Zürich, il entre en relation avec Hans Barth et à Bonn avec Erich Rothacker et Oskar Becker, le tout de 1949 à 1954. Il faut toutefois souligner dès l'origine son goût pour l'interdisciplinarité et sa tentative de discussion critique transcendant l'histoire de la philosophie. Il questionne tout autant l'histoire, l'économie, la littérature allemande ou la psychologie[28]. En 1954, il passe son doctorat (Promotion) en traitant des *Weltalter*[29] de Schelling. La pluralité des objets critiques abordés (sous forme d'activités journalistiques) vont le mener à la rencontre de l'Ecole de Francfort proprement dite, sur le plan de l'Institution.

De 1956 à 1959, il devient l'assistant de Theodor W. Adorno. Il développe alors sa formation et sa recherche sociologique. Dans le même temps, il prépare son Habilitation, terminée en 1959, soutenue en 1961 à l'Université de Marbourg, en sciences politiques, sous la direction de Wolfgang Abendroth. Cette thèse sera publiée en 1962 sous le titre *L'espace public*[30]. Avant même cette soutenance, il occupe un poste de professeur *extraordinaire* de philosophie à l'Université de Heidelberg auprès de Hans-Georg Gadamer. Toute sa réflexion future, marquée par l'herméneutique, tentera d'ailleurs d'en marquer les limites. Durant cette époque, il est aussi marqué par Karl Löwith avant d'être nommé en 1964 professeur *ordinarius* de philosophie et de sociologie à l'Université de Francfort - en étroite relation avec Adorno (1964-1971).

Dans *Théorie et pratique*[31] (1963), nous retrouvons la leçon inaugurale prononcée à l'Université de Marbourg, en décembre 1961, consacrée à « la doctrine classique de la politique dans ses rapports avec la philosophie sociale ». Puis il se distinguera, à l'instar de son maître Th. W. Adorno, lors de la querelle des sciences sociales allemandes (*Positivismusstreit*). En 1961, il participe au congrès de la *Deutsche Gesellschaft für Soziologie*, qui eut lieu à Tübingen en octobre 1961. En 1963-64, il attaque - à travers la critique d'Hans Albert - l'épistémologie de Karl Popper et le néo-positivisme. Le 28 juin 1965, il prononce sa leçon inaugurale à l'Université de Francfort, sous le titre « connaissance et intérêt »[32]. La même année est publié un recueil homonyme[33]. Durant ces années francfortoises, les relations avec les mouvements étudiants sont sujettes à des dissensions plus ou moins prononcées. En 1961, il avait publié une étude de sociologie empirique[34], dans la lignée de la méthodologie de l'Institut, relative à la conscience politique des étudiants. Cette étude le démarquera de l'activisme gauchiste, puis il prendra parti pour le *Sozialistischer Deutscher Studentenbund.* Prônant un « réformisme radical », il se verra taxé de révisionniste par ceux qui dénonceront cette paradoxale prise de position. En 1969, il republie un texte critique[35] dénonçant les limites et les illusions de l'« actionnisme » et de l'« élitisme » étudiant. Cependant, les années francfortoises permirent aux étudiants – par le biais de l'action d'Habermas – la redécouverte de la revue *Zeitschrift für Sozialforschung*, quelque peu oubliée dans les années 60.

En 1971, Habermas quitte Francfort et devient codirecteur de l'Institut Max Planck de Recherche sur les conditions d'existence du monde scientifique et technique[36] à Starnberg en Bavière. Pendant douze ans, il mène un parallèle dans ses recherches entre les sciences sociales et les sciences de la nature, parallèle qui amène ces deux domaines à la confrontation. Ce parallèle appartient à la discussion philosophique et méthodologique dans la tradition allemande depuis Dilthey[37] et sera actualisé par l'œuvre de Hans Georg Gadamer[38] et par le *Positivismusstreit.* A l'Institut Max Planck, Habermas collabore avec le physicien Carl Friedrich von Weizsäcker. Entre temps, ses relations avec l'Université de Munich se dégradent ; il se voit refuser à deux reprises une chaire de philosophie à titre honoraire, étant soupçonné surtout d'apporter une caution théorique à la pratique terroriste. Durant cette période, il publie entre autres : *Profils philosophiques et politiques*[39], *Raison et légitimité, Problèmes de légitimation dans le capitalisme avancé*[40] et *Après Marx*[41]. Et peu avant son départ de l'Institut Max Planck en 1983, paraît en 1981 sa *Théorie de l'agir communicationnel*[42]. En 1983, alors qu'il semblait émigrer et partir pour les Etats-Unis, il retrouve une chaire au sein de l'Université allemande, à Francfort, soixante ans après la fondation de l'Institut. Notons qu'entre temps, il avait enseigné à la *New School for Social Research* à New-York. *Le concept du 11 septembre*, dialogue entre Habermas et Derrida, sera publié en 2003[43].

NOTES

1. Karl Korsch, 1886-1961. Au sein du SPD, il se prononce en faveur de la IIIe Internationale Il donne aussi son appui en décembre 1920, au V.K.P.D. (Parti communiste unifié) résultant de l'unification du groupe Spartacus avec la majorité du Parti Socialiste et du Parti Communiste.
   Cf. *Marxismus und Philosophie*, 1923. Il serait intéressant de souligner le parallèle entre le Jeune Lukács et Karl Korsch puis ensuite la bifurcation opérée entre les deux penseurs. Le parallèle est essentiel entre *Marxisme et Philosophie* (1923) et *Histoire et conscience de classe* (1923). Rejetés tous deux par l'orthodoxie marxiste ou communiste et la social-démocratie, ils entreprennent une lecture hégélienne de Marx. Toutefois, Karl Korsch n'acceptera pas une réconciliation absolue avec la réalité du XXe siècle. En relation avec Hilferding et Kautsky, il marque de la sympathie pour le mouvement spartakiste. Le texte de 1923 paraît alors qu'il était nommé ministre de la Justice à Thuringe d'octobre à novembre 1923. S'éloignant du K.P.D. et de l'engagement politique, il livre une recherche sur la philosophie marxiste du droit en collaboration avec Evgueni Pasukanis (cf. *La théorie générale du droit et le marxisme*, 1924). Korsch s'efforce de réhabiliter la dialectique hégélienne face à la *praxis* marxiste qui tendrait à en faire l'économie du profit d'un certain activisme. Allant à l'encontre d'une lecture positiviste du marxisme, ou d'une lecture dissociant idéologie et science dans la pensée marxienne, il déplace le concept philosophique de réconciliation – du concept et de la réalité effective – sur le champ du processus social. Rejetant le dit positivisme de la seconde Internationale – Rudolph Hilferding, Kautsky, - à l'instar de Walter Benjamin entre autres, il insiste sur la continuité de l'analyse philosophique à l'œuvre dans le *Capital.*
2. Editions de Minuit, 1972.
3. revue dominée par la présence de Rudolph Hilferding.
4. revue dominée par Maximilian Beck.
5. Cf. *Raison et révolution. Hegel et la naissance de la théorie sociale*, éd. de Minuit, 1968.
6. Editions Gallimard, 1963. Herbert Marcuse y développe un « gauchisme théorique » en opposition à la lecture léniniste, propre à la Révolution russe.
7. Rappelons les principales étapes du rejet de la logique de l'identité hégélienne. Ce rejet se trouve exposé dans les articles de Max Horkheimer, constitutifs de la *Théorie critique* et plus précisément

dès 1932 dans *Hegel et le problème de la métaphysique*. Pour Theodor Adorno : cf. *Kierkegaard, construction de l'esthétique* (1929-30), publié en 1933.

8. Editions de Minuit, 1963 (sous-titre : Contribution à Freud).
9. Editions de Minuit, 1968 (sous-titre : Essai sur l'idéologie de la société industrielle avancée).
10. Herbert Marcuse critique ici l'interprétation développée par Eric Fromm, K. Horney et H. S. Sullivan.
11. Editions de Minuit, 1968.
12. Editions de Minuit, 1970.
13. Editions du Seuil, 1973.
14. Martin Buber : 1878-1965. Cf. Ich und Du, Francfort, 1923. Il entretint des relations avec le socialisme utopique (Gustave Landauer) et avec Franz Rosenzweig. Le thème judaïsant de l'altérité développé par ces philosophes fut déterminant pour la philosophie de l'histoire, à l'œuvre dans l'Ecole de Francfort en général et chez Walter Benjamin en particulier.
15. 1886-1929. Cf. son *Etoile de la rédemption* (*Stern der Erlörung*), 1921.
16. Cf. *Das Mutterrecht*, 1861. Leo Löwenthal fut membre aussi à part entière de ce débat sur le matriarcat. Cf. Martin Jay : *L'imagination dialectique*, Payot, Paris, p. 300.
17. 1878-1965. Ce psychiatre et neurologue développera la *Gestaltpsychologie* en récusant tout behaviorisme et tout atomisme ou associationnisme psycho-physique.
18. Gelb et Kurt Goldstein consacrèrent certaines de leurs recherches à l'aphasie. Cf. *Psychologische Analysen hirnpathologischer Fälle*, 1920.
19. Cf. *Zen buddhism and psychoanalysis* (avec D. T. Suzuki et Richard de Martino), trad. PUF, Paris, 1986.
20. Cf. les *Etudes sur l'Autorité* (1936). Dès 1935, Erich Fromm entreprend une critique du patriarcat implicite du freudisme qu'il prétend rééquilibrer au profit du matriarcat de Johan Jacob Bachofen. Sur le plan analytique, Erich Fromm s'oriente alors vers Georg Groddeck (1866-1934) et Ferenczi.
21. Cf. Karen Horney : *Les voies nouvelles de la psychanalyse*. Cf. aussi l'apport d'H. S. Sullivan.
22. 1950.
23. 1955.
24. Cf. *Le Dogme du Christ et autres essais à propos de la religion, la psychologie et la culture*, éd. Complexe, Paris, 1975.
25. Cf. *La crise de la psychanalyse*, Paris, éd. Anthropos, 1971.
26. Cf. *La passion de détruire*, Paris, P. Laffont, 1975.

27. Cf. *Avoir ou être*, Paris, P. Laffont, 1978.
28. Ainsi Jürgen Habermas ne développera-t-il pas une critique intrinsèque de la philosophie, mais plutôt une confrontation avec la sociologie. Cf. entre autres sa *Théorie de l'agir communicationnel*, Fayard, 1987, Paris.
29. Cette étude porte le titre *Das Absolute und die Geschichte*.
30. *Strukturwandel der Öffentlichkeit*, Luchterhand, 1962. traduction Marc B. de Launay, Paris, Payot, 1978. Le sous-titre est : Archéologie de la publicité comme dimension constitutive de la société bourgeoise.
31. Traduction G. Raulet, Payot, Paris, 1975.
32. Leçon qui parut en 1968 sous le titre : *La technique et la science comme idéologie,* Gallimard, 1990, Paris.
33. Cf. *Connaissance et intérêt*, Gallimard, 1976, Paris.
34. Cf. *Student und Politik*, en collaboration avec Ludwig von Friedeburg, Christophe Oehler et Friedrich Weltz.
35. Cf. *Protestbewegung und Hochschulreform.*
36. Max Planck Institute Zur Erforschung der Lebensbedingungen der wissenschaftlich–technischen Welt.
37. Cf. *L'Edification du monde historique dans les sciences de l'esprit*, éd. Cerf, collection Passages, Paris.
38. Cf. *Vérité et méthode : les grandes lignes d'une herméneutique philosophique*, éd. Seuil, 1976, Paris et cf. Philippe Fleury, *Lumières et tradition, Jürgen Habermas face à Hans-Georg Gadamer*, in *Comprendre et interpréter, le paradigme herméneutique de la raison*, éd. Beauchesne, Paris, 1993.
39. *Philosophisch–politische Profile*, publié et traduit, Paris, Gallimard, 1874.
40. *Legitimationsprobleme im Spätkapitalismus*, publié et traduit, Paris, Payot, 1978.
41. *Zur Rekonstruktion des historischen Materialismus*, publié et traduit, Paris, Fayard, 1985.
42. *Theorie des Kommunikativen Handelms*, publié et traduit, Paris, Fayard, 1987, 2 tomes :
    1- Rationalité de l'action et rationalisation de la société
    2- Pour une critique de la raison fonctionnaliste
43. Editions Galilée, 2004.

Annexe 1

Georg Lukács et Ernst Bloch face à Hegel

L'esthétique de Georg Lukács s'avère être d'obédience hégélienne, surtout dans les écrits de maturité de Lukács, écrits postérieurs à *Histoire et conscience de classe* (1923). Mais ce rapport à la philosophie classique allemande se précise dans la lecture que donnera Georg Lukács du *Jeune Hegel*. Dans ce texte, publié à Zürich en 1948 mais mis en forme dix ans auparavant - dès 1938 -, le penseur hongrois tente de retracer une évolution interne à la pensée de Hegel, conduisant à la reconnaissance des catégories d'aliénation et de travail au détriment de la catégorie de positivité, appliquée à la religion dans certains écrits théologiques. Cette étude du *Jeune Hegel* se clôt avec la période d'Iéna (1800-1806) et la parution de la *Phénoménologie de l'Esprit* (1807).

Les manuscrits du jeune Hegel et leur réception

De façon classique, on distingue diverses périodes dans la formation de l'hégélianisme, d'où les périodes de Stuttgart-Tübingen (1788-1793), Berne (1793-1796), Francfort (1797-1800) et Iéna (1800-1806). Georg Lukács fait donc œuvre d'interprète marxiste mais aussi d'historiographe élaborant quelques hypothèses sur la date de certains manuscrits.

Au XIXe siècle, les manuscrits du jeune Hegel ne furent connus que sous forme d'extraits et de résumés édités par K. Rosenkranz[1] et par R. Haym[2]. Dilthey[3] sera le pionnier dans l'étude à part entière de la pensée du jeune Hegel, recherche poursuivie par son disciple Hermann Nohl. En 1907, ce dernier fait paraître les *Ecrits théologiques de jeunesse*, attribuant lui-même des titres à quelques écrits : *Religion nationale et christianisme, La vie de Jésus, La positivité de la religion chrétienne, L'esprit du christianisme et son destin, le Fragment de système de 1800*[4].

Dans ces différents textes, Hegel est influencé par les divers courants de la philosophie allemande ; la morale de Kant, l'esthétique de Schiller, l'historicisme de Herder, de Lessing ou le panthéisme de Goethe. Mais la polémique hégélienne vise l'idéalisme abstrait qui refuse d'adhérer ou de comprendre le dynamisme de la réalité. Ainsi, dans *La vie de Jésus*, paru en France par les travaux de P. Roques, Hegel montre en Jésus l'exigence de réalisation de la pureté ici-bas, tout en arrivant à la conclusion que la révélation du Christ trouve sa vérité dans le drame de l'histoire des hommes.

Dans *L'esprit du christianisme et son destin*, ainsi que dans le *Fragment de système*, Hegel développe son idéalisme comme une philosophie de la vie au ton religieux. La réalité est ainsi identifiée à la vie organique ou à la vie divine. Cette dernière se répand, se concrétise dans le réel, tout en étant limitée par ce dernier. Cependant, le fini se résout dans l'infini et la mort dans la vie. Cette vérité entrevue par la philosophie, seule la religion peut la confirmer. Cette religion, c'est le christianisme qui a pour base l'unité de la nature humaine et divine du Christ. On aperçoit aisément l'exploitation et la transformation ultérieure de certains thèmes de jeunesse dans la *Phénoménologie de l'Esprit* (1807) ou encore dans les *Leçons sur la philosophie de l'histoire*[5] (1822-1830). Ces écrits de jeunesse paraissent en 1913 dans l'édition G. Lasson. Enfin, en 1931, Hoffmeister publie des notes inédites de Hegel, datant des périodes de Tübingen et de Berne[6]. On trouvera des traductions françaises de la plupart de ces textes précédant la période d'Iéna, ainsi le *Fragment de Tübingen* dans *Le Jeune Hegel et la naissance de la pensée romantique*[7], *Les Fragments de la période de Berne*[8], *L'esprit du christianisme et son destin*[9], et *La positivité de la religion chrétienne*[10].

Mais Georg Lukács étudie aussi les manuscrits de la période d'Iéna, au cours de laquelle Hegel va marquer son attraction et sa répulsion vis-à-vis de Schelling, la rupture étant consommée dans la préface de la *Phénoménologie de l'Esprit*. En 1801, paraissent ainsi : *Différence entre les systèmes philosophiques de Fichte et de Schelling*[11] et sa dissertation d'habilitation sur les orbites des planètes. En 1801-1802, il publie dans le cadre du Journal critique de philosophie et en collaboration avec Schelling, quelques articles parmi lesquels : *Rapport du scepticisme à la philosophie, Foi et savoir*[12] et *Des manières de traiter scientifiquement du droit naturel*[13]. Rappelons que ces manuscrits ne seront connus que par quelques extraits transmis par Rosenkranz et Haym.

Dans *Foi et savoir* (*Glauben und Wissen*), Hegel attaque la philosophie de l'immédiateté qui prétend saisir immédiatement l'absolu, selon la démarche de Jacobi. Si Hegel semble avoir adopté dans *Différence entre les systèmes philosophiques de Fichte et de Schelling* - identifiant l'absolu à l'identité la position de Schelling - en réalité il s'en démarque en identifiant l'absolu à l'identité de l'identité et de la différence, version proprement hégélienne.

Durant cette même période apparaissent quelques autres manuscrits, dont le *Système de la vie éthique*[14], titre attribué par Rosenkranz. Il faut y joindre les cours de 1803-1804 et de 1805-1806 sur la philosophie de la nature et de l'esprit, publiés par Hoffmeister sous les titres *Jenenser Realphilosophie I* (1932) et *Jenenser Realphilosophie II* (1931)[15]. Hegel opérait déjà une critique de Schelling dans cette première logique, en étudiant la catégorie de quantité. Schelling y est dit incapable de penser l' « inquiétude » de l'absolu, ou les « déterminabilités » de façon qualitative, ce qui marque l'opposition de Hegel au prétendu spinozisme de Schelling, incapable de penser la substance comme sujet. Schelling pense donc l'absolu comme indifférence et non pas comme unité différenciée ou différence unifiée. Mais il faudra attendre la préface de la *Phénoménologie de l'Esprit* (1807) pour voir Hegel surpasser ces deux philosophies unilatérales et abstraites, dans son esprit, que constituent les exposés de Fichte et de Schelling. Ainsi Fichte est-il le philosophe de la particularité, des déterminabilités oubliant l'absolu. Tout à l'opposé, Schelling se présente comme le philosophe de l'unité substantielle, lequel sacrifie toutefois en dernier lieu les déterminabilités et leurs oppositions qualitatives[16]. La philosophie schellingienne de l'identité est donc l'intuition de la « nuit où toutes les vaches sont noires »[17].

Cette revue chronologique du jeune Hegel doit ainsi permettre de nuancer un schéma trop linéaire dans l'évolution de sa pensée, schéma suivant lequel Hegel aurait été kantien, moraliste, rationaliste, évoluant des idéaux des Lumières et de la Révolution vers un certain romantisme et une *Lebensphilosophie* à Francfort et abordant la philosophie spéculative de la Raison à Iéna[18]. Bernard Bourgeois retrouve dans l'évolution du jeune Hegel une triade typiquement hégélienne : « A Iéna, Hegel réconciliera la raison (Berne) et la vie historique (Francfort) »[19]. Cette triade évolutive serait parallèle à la philosophie classique allemande, *id est* Kant, Fichte, niés par Schelling, sursumés chez Hegel.

Georg Lukács et l'irrationalisme

Dans cette étude sur Hegel, Georg Lukács prétend récuser les interprétations vitalistes, intuitives et finalement irrationalistes du penseur allemand. Son étude se démarque donc de toute interprétation ontologico-phénoménologique d'inspiration husserlienne ou heideggérienne[20]. La monographie hégélienne de Lukács ne rencontre donc pas celle d'Alexandre Kojève[21], ouvrant la voie à une lecture existentialiste de Hegel.

La volonté lukácsienne est de tracer une ligne de démarcation entre l'irrationalisme – en puissance ou en acte – et le rationalisme hégélien. Il s'agit alors de dénouer la prétendue continuité opérant entre le *Sturm und Drang*, le romantisme et l'hégélianisme, tout en marquant son opposition à l'entendement abstrait des Lumières facteur d'extranéation/aliénation de la culture. Cette lecture classique de Lukács se retrouve entre autres dans *La destruction de la raison, Goethe et son temps* et *La brève histoire de la littérature allemande*. Enfin, Lukács s'efforce, alors que le centenaire de la mort de Hegel remonte à 1931, de contrer la lecture contemporaine de certains néo-hégéliens. Hermann Glockner[22] est ainsi visé, comme éditeur des œuvres de Hegel en Allemagne, lequel tentera de réduire Hegel à Kant. Les autres représentants de ce néo-hégélianisme sont Richard Kroner[23], Rudolph Haym[24] et Theodor Häring[25]. Rudolph Haym fit une étude sur *l'école romantique* (1870), ce qui ne pouvait que l'opposer à la lecture rationaliste opérée par Lukács de la littérature allemande. De plus, Georg Lukács insiste sur l'aspect unilatéral de l'interprétation théologisante de Nohl vis-à-vis de Hegel. Il y dénonce une falsification et une méconnaissance de l'arrière fond politique et philosophique de cette période du jeune Hegel[26]. La lecture luckácsienne ne porte que sur la jeunesse hégélienne et se distingue en cela de tout jugement globalisant porté sur le hégélianisme tardif, que ce soit celui de l'*Encyclopédie* (1830) ou des *Principes de la philosophie du droit* (1818). Il n'y va donc pas ici d'un jugement de l'ensemble du système hégélien en acte, mais seulement d'un retour à Hegel, retour rendu nécessaire par les falsifications ultérieures des interprètes tout autant que par les lacunes de l'historiographie. La démarche d'Ernst Bloch sera toute différente puisqu'il tentera une approche globale de l'hégélianisme (*Logique*, esthétique, *Encyclopédie*), approche thématique qui ne vise pas explicitement l'ordre chronologique d'apparition du système, mais plutôt sa formulation logique et ontologique.

La lecture hégélienne qu'entreprend Lukács se démarque donc de l'analyse classique de Karl Löwith[27]. Ce dernier insistait sur la rupture opérée par Nietzsche à l'égard du rationalisme hégélien[28]. Enfin, à l'intérieur du système spéculatif hégélien, et en particulier dans l'œuvre de la maturité, nous assisterions à une « résignation devant le monde existant », ce qui correspondrait chez Hegel lui-même au passage d'un républicanisme jacobin à la philosophie de l'« Etat prussien »[29].

Lukács et le rationalisme du jeune Hegel

Lukács n'accepte pas le thème de la réconciliation hégélienne tel qu'il est présenté par Löwith. Il n'accepte pas non plus la thèse défendue par certains marxistes « suivant laquelle l'évolution de Hegel se réduirait au passage d'une position révolutionnaire à un accommodement avec le régime prussien lors de son séjour berlinois »[30]. Lukács décèle au contraire une évolution positive dans l'œuvre du *Jeune Hegel*, et non une involution ; jugement porté sur l'œuvre tardive de Schelling dans *La destruction de la raison*. L'évolution du jeune Hegel le conduirait ainsi à la découverte de l'économie politique lors de la période francfortoise, cette lecture lui ouvrant les yeux sur le caractère nécessaire du capitalisme et sur les illusions de l'anticapitalisme romantique.

Si l'influence directe de Stewart est difficile à démontrer, les manuscrits d'Iéna attestent la lecture d'Adam Smith. Or, cette lecture marquerait un tournant dans l'œuvre de Hegel puisqu'elle fait apparaître le travail comme modalité centrale de l'activité humaine. Le travail est défini ainsi comme « réalisation de l'identité de la subjectivité et de l'objectivité, force motrice de l'évolution qui fait de l'homme un produit de sa propre activité »[31]. Une telle vision relève d'un idéal prométhéen, rationaliste, contraire à la nostalgie romantique d'un âge d'or perdu à jamais. Le *Système de la vie éthique* de 1802 ou du début de 1803 développe une conception dans laquelle la division du travail tient une place centrale, conception en gestation dès le *Fragment d'un système*. Auparavant à Berne, Hegel opposait la société moderne à l'idéal de la société grecque. Le concept de travail non encore élaboré laissait place au concept de positivité. Ce dernier signifiait la « suppression de l'autonomie morale du sujet »[32].

Ainsi, *La positivité de la religion chrétienne* équivalait à la rupture de l'unité antérieure, rupture consommée dans le christianisme. Ceci ne conduit pas à une condamnation générale de la religion, démarquant par là Hegel des Lumières qui opèrent une critique propre à l'entendement, négatrice et incapable d'intégrer la religion dans le savoir. Une telle critique contre Diderot, d'Holbach et Helvétius réapparaît dans la section B de *l'Esprit* de la *Phénoménologie de l'Esprit*, l'entendement étant le monde de l'étrangeté, de l'aliénation ou de l'extranéation ; *Entfremdung, Entäußerung*. Hegel ne se pose donc ni en disciple pur et simple de l'*Aufklärung*, ni en romantique irrationaliste. Il tend à transcender au contraire leurs unilatéralités. Ce concept premier de positivité va se voir dépassé chez Hegel par le passage à l'aliénation. Or, cette dernière met en jeu la catégorie dialectique de travail, tandis que la positivité ne pouvait que s'opposer abstraitement à un idéal antique ; la belle totalité. Hegel posait ainsi l'opposition de la positivité et de l'autonomie reconnue du sujet. Si la positivité implique une alternative tranchée entre deux mondes, l'aliénation conduit au contraire à la reconnaissance de l'activité humaine[33].

Une évolution s'opère entre *Le système de la vie éthique* et la *Phénoménologie*. Dans le premier texte, Hegel expose la triade : besoin, travail et jouissance, pour progresser vers une seconde triade : prise de possession, activité du travail et possession du produit[34]. Hegel disciple de Smith, de Ferguson et de Petty, élaborerait ensuite une conception humaniste du travail dès 1805-1806[35]. L'analyse du travail, avec ses conséquences négatives et positives, est rendue possible par la catégorie d'aliénation qui mettrait Hegel sur la voie du matérialisme. Une telle formulation ne peut que s'opposer à la lecture althussérienne de Marx qui tendra à tracer une ligne de démarcation entre le Marx de la maturité rejetant la catégorie métaphysique d'aliénation ; exprimée dans les *Manuscrits de 1843-1844*. Lukács privilégie à l'opposé une lecture en continu de l'hégélianisme au sein du marxisme afin de ne pas discréditer totalement la philosophie classique allemande.

Le concept philosophique d'aliénation, selon Lukács, *Entfremdung, Entäußerung*, résulterait en partie de la traduction d'un terme économique allemand qui caractérise la vente, *Veräusserung*, expression des théories du contrat qui signifierait ainsi le transfert de la liberté originaire ou sa cession, *Veräusserung*[36]. Hegel ne tirera pas de ce concept d'aliénation, en opposition à Hodgskin, « des conséquences socialistes de la théorie ricardienne de la valeur »[37]. L'aliénation met cependant en jeu la *praxis* humaine, la relation sujet-objet et finalement l'activité économique et sociale de l'homme. Ce concept d'aliénation prendra une forme spécifique au sein du capitalisme, telle qu'elle est exposée dans *Le capital*, sous forme de fétichisme.

L'appropriation de l'œuvre par le sujet permettrait ainsi la relève du fétichisme, ce qu'Hegel énonce comme le devenir sujet de la substance extérieure. Le mérite de Hegel serait donc d'avoir soutenu la thèse d'un progrès, *Fortschritt*, objectif et historique au-delà du subjectivisme moral kantien et du *Sollen*. Mais ce progrès ne se donne pas comme immédiat, malgré les prétentions de l'*Aufklärung* ; il est l'objet de la ruse de la raison, *List der Vernunft* proprement dialectique. Cette ruse « trompe le penseur non dialectique », « au lieu de reconnaître la rose dans la croix du présent »[38]. Le rationaliste abstrait comme le romantique s'en tiennent aux pôles fixes des oppositions sans saisir leur devenir. Le romantique peut alors se réfugier « dans un ciel de valeurs qu'il incarnera ailleurs »[39], ce *topos ouranios* pouvant faire l'objet de l'utopie abstraite, ou se présentant comme le non-lieu de la nostalgie Ainsi celui qui s'avère incapable de saisir les détours de l'histoire se voit-il taxé d'irrationaliste[40] par Hegel (et par Lukács).

Cette lecture de Hegel diffère donc de l'exposé d'Ernst Bloch, lequel reprochera justement au système hégélien sa dénégation de l'ouverture utopique ; présente dans la formule ésotérique de « la rose dans la croix du présent ». Or, cette étude de Lukács repose sur la distinction opérée par Engels entre le système et la méthode de l'hégélianisme[41]. Le système actualiserait les éléments idéalistes, tandis que la méthode proprement dialectique ouvrirait la voie au marxisme. Rappelons qu'une telle distinction est étrangère à l'hégélianisme, lequel refuse justement l'opposition abstraite ; sur le mode de l'entendement du système et de la méthode ou de la forme et du contenu, du sujet et de l'objet.

Lukács se limite donc ici à l'analyse des textes hégéliens jusqu'en 1807, en insistant sur le républicanisme du jeune Hegel et en tentant de retrouver l'isomorphisme existant entre les concepts économiques de l'époque et leur reflet inadéquat dans l'idéalisme objectif hégélien[42]. La démarche d'Ernst Bloch se veut différente et entreprend une étude globale de l'œuvre hégélienne.

Ernst Bloch et la dialectique hégélienne

Ernst Bloch rend hommage à la monographie de Lukács : *le Jeune Hegel* (1948), tout en marquant ses distances sur certains aspects de l'interprétation[43]. Reprenant à son compte la négation de la lecture vitaliste de Hegel opérée par Dilthey, Bloch se démarque aussi de l'interprétation irrationaliste de Haering et de Kroner. Lukács risque cependant, selon Bloch, de laisser échapper la spécificité et la richesse de l'hégélianisme en voulant présenter le philosophe spéculatif comme précurseur le Marx. Lukács majorerait ainsi la dépendance immédiate de Hegel à Marx. L'attitude de Bloch est différente. Il entreprend une lecture synthétique de l'œuvre de Hegel. Alors que Lukács décelait une évolution positive chez le jeune Hegel, Bloch souligne la formation systématique de l'hégélianisme dans la

Phénoménologie de l'Esprit, l'*Encyclopédie,* puis les *Principes de la philosophie du droit*. Enfin, Bloch ne se posera pas comme adhérent à la philosophie de l'histoire hégélienne à l'encontre du rationalisme lukácsien qui prend une forme très hégélienne.

Bloch s'efforce de discerner le noyau de la pensée dialectique en la rattachant à ses racines extra-hégéliennes. Vico aurait ainsi le premier pressenti « la méthode historico-génétique » qui devait triompher dans la *Phénoménologie*[44]. La triade dialectique, sous forme hégélienne, apparaîtrait déjà chez le mystique médiéval Hugues de Saint-Victor qui distinguait le *cogitatio*, la *meditatio* et la *contemplatio*. On reconnaîtra sans doute l'architecture hégélienne, puisque la première activité vise la connaissance des corps, la seconde, rationnelle, est relative à l'intériorité humaine, enfin la *contemplatio*, mystique, relève du monde spirituel[45].

Nicolas de Cues hiérarchisera cette théorie de la connaissance dialectique, sous forme de triade, en distinguant le *sensus*, premier niveau qui fournit des images troubles, la *ratio*, qui exclut les opposés, connaissance d'entendement, et la *visio* qui pose leur coïncidence dans l'unité infinie, Dieu étant *coincidentia oppositorum*[46]. Le rappel ne fait qu'attester l'intérêt de Bloch pour la philosophie de la Renaissance. Dans son exposé sur la méthode dialectique, Bloch décèle l'expression de celle-ci chez le néo-platonicien Proclus, lequel posait un développement à trois temps : permanence, procession, retour. Le cordonnier de Görlitz est lui-même mis en relation avec la méthode dialectique, ayant aperçu le rapport nécessaire des lumières et des ténèbres[47]. Jacob Boehme sera aussi mentionné par Bloch comme une des figures essentielles dans sa *Philosophie de la Renaissance*. Mais le développement triadique n'est pas le seul aspect de la dialectique hégélienne puisque celle-ci se pose comme totalité systématique, articulant les éléments particuliers subordonnés à l'universel.

Cette intuition du tout se trouve de nouveau chez Nicolas de Cues avec son principe *omnia ubique* et l'explication qu'il en donne : *in omnibus partibus relucet totem*[48] : en chaque partie se reflète le tout. Le rappel du *Hen kei Pan*, l'un et le tout antique sera encore affirmé plus explicitement dans la monadologie leibnizienne, très proche de Hegel. En effet, la monade est dite miroir de l'univers, Leibniz écrivant dans ses *Nouveaux Essais*, 1703 : « C'est tout comme ici, le fond est partout le même. »[49] Hegel intègrerait cette conception de la totalité « comme fixité mythologique du Père, du Fils et de l'Esprit Saint »[50]. La dialectique, au contraire, privilégiera le devenir du processus face à la fixité, la dissonance devant l'emporter sur la consonance[51].

Mais la *Phénoménologie de l'Esprit* prend aussi appui sur la figure emblématique de Faust. Ce qui marque l'analogie des deux œuvres, c'est « le déchaînement des forces de production »[52], qui visent à la consommation de la réalité. Le thème du voyage lie les deux œuvres, ainsi que l'interpénétration du sujet et de l'objet, ou leur intermédiation pour reprendre l'expression de Jean-Pierre Lefebvre dans sa traduction de la *Phénoménologie*. Cette intermédiation conduit à la consonance, réconciliation avec le réel qui implique la nécessité d'une nouvelle dissonance, le tout sur le mode de l'inquiétude de la conscience ou du concept. La réconciliation avec la réalité n'est donc pas immédiatement donnée comme elle peut l'être dans l'*amor fati* des Stoïciens, le panthéisme de Spinoza, Goethe ou Schelling. L'*amor fati* de l'hégélianisme n'est donc « point amour de la nécessité extérieure, mais seulement de la nécessité intérieure, celle du processus »[53]. Le processus est celui de l'expérience voyageuse[54]. Le voyage de la pensée est lui-même une force productive. En effet, la force de la médiation transcende l'opposition schématique et abstraite du sujet et de l'objet ; la connaissance relève (*Aufheben*) cette immédiateté, ce qui conduit Bloch à penser la spéculation hégélienne en termes matérialistes de force de production[55]. Cette force de production n'est pas donnée mais se construit sur le mode de l'inquiétude consommant le monde. Cette notion « intuitive » de consommation, Bloch la décèle chez le mystique silésien Angelus Silesius : « Va et deviens toi-même l'écriture et toi-même l'essence. »[56]

Hegel n'en reste pas moins, malgré sa saisie de la médiation, dans l'esprit de Bloch un penseur de la réaction, ou plus exactement de la Restauration. Cependant, « s'il est vrai que son procédé génético-historique le lie à la Restauration, il ne partage en rien l'aversion de cette période pour tout de qui est lumineux »[57]. Hegel surmonterait donc, dans sa version spéculative, l'unilatéralité de l'entendement des Lumières et la glorification romantique réactionnaire de son temps, « lesquels coulaient au clair de lune avec, à l'intérieur, des châteaux de burgraves »[58]. Hegel opère ainsi la « relève » ou la « sursomption » (*Aufhebung*) de la philosophie subjective de Fichte ou du substantialisme « romantique » de Schelling, la substance devenant finalement sujet. Mais malgré cette reconnaissance de l'inquiétude dialectique, Bloch voit dans l'hégélianisme une force qui finalement « refuse le particulier »[59]. Peut-on pour autant poser une adéquation entre ce prétendu refus philosophique de Hegel et la politique de la Restauration anti-jacobine ? Ce jugement, quelque peu hâtif, l'apparente aux théoriciens de l'Ecole de Francfort et en particulier à la *Dialectique négative* de Theodor Adorno. Bloch approfondira sa critique du système hégélien dans le commentaire qu'il donne de l'*Encyclopédie* (1830).

Bloch et le cercle hégélien

Bloch reproche au système hégélien sa clôture, qu'il identifie à la figure circulaire. Celle-ci trouve son expression achevée dans l'*Encyclopédie* (1830), qui vénère le cercle et la rotondité. L'*Encyclopédie* n'est-elle pas *enkyklopaideia*, littéralement « éducation en cercle »[60] ? Cette image de la sphère reverrait à l'univers parménidien, éléatique, exprimant le *Hen kai Pan*, un et tout. D'ailleurs, ce « symbole », « Hölderlin l'avait inscrit sur le livre d'or du jeune Hegel »[61] et Bloch fait de cette *Sphaira* un tout clos en forme de boule. L'hégélianisme rechercherait donc au-delà de l'inquiétude du concept et du devenir, la perception statique. Notons que cette conceptualisation circulaire a été relevée par d'autres commentateurs de Hegel.

Jean Hippolyte note cette correspondance circulaire dans la *Phénoménologie de l'Esprit*. Ainsi, la raison observante correspond à la précédente certitude sensible, dans l'observation du sensible naturel, à la perception et à l'entendement ; la raison opérante correspondrait aux deux sections de la conscience de soi : indépendance, dépendance et liberté de la conscience de soi[62]. Le cercle est aussi à l'œuvre dans la Logique, puisque l'en-soi pour soi opère toujours un retour à l'origine, en soi. Mais ce retour n'est pas le retour statique de l'éternel retour, il concilie l'être et le devenir, ce dernier étant la vérité de l'être éléatique.

Bloch distingue dans l'histoire de la philosophie deux types qui ne sont pas ceux de l'idéalisme et du matérialisme, à l'instar d'Engels ou de Lukács, mais les directions éthique et cosmique. La première trouve son fondement dans le socratisme ; comme philosophe de la subjectivité, la seconde s'incarne dans le spinozisme ou dans le panthéisme de la Renaissance. L'œuvre de Hegel vise justement à transcender les directions unilatérales constituées par les philosophies du sujet et de la substance. Voilà pourquoi Hegel reprochera à Schelling son spinozisme ou son panthéisme, et cela implique son appel à la subjectivisation de la substance.

Or, Hegel serait lui-même soumis à cette contradiction de l'éthique et du cosmique pour finalement donner raison à l'ordre cosmique et donc à l'ordre systématique. Cet ordre se fonderait sur le Pan, systématisé par le cercle. Ainsi Bloch affirme : « Cet aspect aussi c'est le cercle, et le cercle des cercles, c'est une figure circulaire en forme d'épicycle, ou à tout le moins concentrique. » Le temps du système fait que ce qui apparaît plus tard, ce qui est systématiquement posé plus tard, est aussi ce qui est plus vrai, ce qui est dialectiquement justifié ; concentrique, cet espace du système est un immense amphithéâtre de soi-même[63]. Hegel recherche donc l'*harmonia mundi*, un édifice classique ou gothique. Mais cet édifice se pose comme soumission à un lit de Procuste, soumission en dernier lieu de l'ordre éthique à l'ordre cosmique.

Cet ordre cosmique ou gothique est systématiquement achevé, « avec sa mythique voussure », ce qui fait de l'hégélianisme une « architecture concrètement philosophique »[64]. Cette voussure, symbole de clôture, correspondrait au *Han kei Pan* et marquerait la négation de l'altérité dans ce système. Cette clôture, image de la *Sphaira*, fonctionnerait aussi comme rappel du mythe astral, cosmique. Ce mythe dénie toute possibilité d'ouverture progressive, d'apparition de nouveauté puisqu'il est la revanche du Pan sur l'ordre éthique. Le cosmos s'imposerait donc dans la philosophie de Hegel et en particulier dans sa *Philosophie du droit*[65]. Celle-ci clôturerait le thème du voyage historico-progressif encore à l'œuvre dans la *Phénoménologie de l'Esprit*. Une telle interprétation de Bloch rejoint celle d'Adorno, d'Horkheimer et même d'Habermas, lesquels distingueront le jeune Hegel du philosophe « réconcilié » avec l'ordre berlinois. Cette réconciliation s'exprimerait ainsi dans la préface des *Principes de la philosophie du droit* (1821) où est affirmé : « Ce qui est rationnel est effectif et ce qui est effectif est rationnel.»[66]

Toutefois, Hegel n'identifie pas la réalité et la rationalité, ce qui distingue l'hégélianisme de toute apologie de la réalité brute et première. La réalité effective, *Wirklichkeit*, n'est pas réalité présente, *Dasein* ou *Existenz*. En corrélation avec ce rapport de la réalité et de la rationalité, on trouve une formule hermétiste de Hegel, formule relevée par Bloch. Cette formule de la rose dans la croix apparaît dans la *Préface de la philosophie du droit* et dans la *Philosophie de la religion*. Hegel nous invite ainsi à cueillir la rose dans la croix du présent, autrement dit à déceler par delà l'apparent désordre, l'unité rationnelle. « Ainsi la croix est un signe du présent, entendons ici : de la réalité effective justement donnée mais insuffisante, ou encore de cette réalité médiatisée seulement de façon finie, au niveau de l'entendement. La rose est la raison. »[67]

Hegel complète cette formule hermétique par *Hic Rhodus, hic saltus* et en modifiant l'adage, il précise : « Ici est la rose, ici il faut danser. »[68] Cette volonté de retrouver la rose dans le présent, et donc de se réconcilier avec la réalité (*Versöhnung mit der Wirklichkeit)* ne serait possible que par une glorification de la figure astrale circulaire, *kyklos*, et par un traitement spécifique de la réminiscence (*Erinnerung*) impliquant un refus du nouveau (*novum*).

Rappelons que Bloch affirmera dans toute son œuvre, comme *leitmotiv*, la distinction entre l'axe éthique et l'axe cosmique de la philosophie. Dans *L'esprit de l'utopie* (1818), il affirme que « Kant dépasse Hegel, aussi sûrement que la *psyché* dépasse le *pneuma*. Le soi l'emporte sur *Pan*, l'éthique sur l'encyclopédie universelle. »[69] Même constat dans *Le principe espérance* dans lequel la dialectique hégélienne est identifiée à un « cercle fait de cercles »[70].

Bloch et l'amnésie hégélienne

Dans le chapitre « Hegel et la réminiscence »[71], Bloch traite du rapport qu'entretient Hegel avec la tradition, qui fonde par là même une conception propre de la temporalité. Hegel pense que la réintériorisation de la tradition comme *Er-innerung*, comme rentrée en soi, conduit à une réduction au spéculatif. Cette remémoration-intériorisation se distingue du simple souvenir empirique ou du pur rappel d'ordre psychologique, rappel particulier et accidentel. L'*Er-innerung* hégélienne ne vise donc pas l'*Erlebnis* subjective, phénoménologique ou psychologique. Cependant, cette anamnèse, ou remémoration hégélienne, aboutirait dans l'esprit de Bloch au type platonicien de la réminiscence[72]. Celle-ci bloquerait ainsi toute possibilité d'ouverture, d'appel au *novum* et par là même nierait toute utopie. L'utopie de Bloch vise au contraire à penser la sortie, l'exode, le processus hors du cercle de l'anamnèse pour proclamer le « pas-encore » (*Noch-nicht*), le « vers quoi » de l'utopie (*Wozu*). Il vise là la reviviscence des œuvres passées (*Nachreife*) dans une époque ultérieure et non leur simple réminiscence.

Hegel proposerait une réminiscence de type cosmique, non pas une copie du platonisme, mais une émanation de type néo-platonicien[73]. Ainsi, chez Hegel, « même si le ciel, le *topos ouranios* des Idées platoniciennes s'obscurcit [...] en un *Hadès* prémondain peuplé de concepts logiques »[74], il postule une réminiscence proche du système de Proclus. Celui-ci présenta le premier le cycle ternaire de la dialectique par le schéma *Monè-proodos-epistrophè* : repos-procession-retour ; schéma qui a servi au modèle hégélien thèse-antithèse-synthèse, comme le soulignerait Hegel dans son *Histoire de la philosophie*[75]. Ce schéma du retour ne fait que récapituler le « cercle des cercles » hégélien, symbolisé comme « serpent qui se mord la queue »[76]. Cette anamnèse vise en dernier lieu la *restitutio io in novum*[77]. Dans cette dialectique, l'apparition du nouveau ne vaut que si elle est censée être le plus avant. L'hégélianisme serait donc tenté par la fascinante réminiscence, de l'éternel repos, conduisant finalement à une négation du processus.

Bloch énonçait déjà ce thème de l'anamnèse, négation de l'utopie, dans l'*Esprit de l'utopie* et il le développe dans *Le principe espérance*. Ainsi, chez Hegel [...] l'Ayant-été prend [...] le pas sur l'Emergent, le patrimoine du Devenu fait complètement obstacle aux catégories d'Avenir, de Front, de *Novum* »[78], en conséquence, « la dialectique hégélienne est [...] entravée par le spectre de l'anamnèse et exilée dans le monde antique. »[79] Cette anamnèse explique le repli sur le passé de la philosophie du droit et de l'histoire chez Hegel. Bloch affirme de nouveau que pour Hegel : « l'événement du monde (*Geschehen*) est subordonné à l'histoire écoulée et l'essence est la réalité devenue »[80], visant par là la préface de la *Philosophie du droit* qui nous rappelle que « la philosophie vient, en tout cas, toujours trop tard [...] et lorsque la philosophie peint son gris sur du gris, une forme de la vie a vieilli et elle ne se laisse pas rajeunir avec du gris sur du gris, mais seulement connaître. La chouette de Minerve ne prend son vol qu'à la tombée de la nuit. »[81]

Le *telos* de la philosophie est tout autre pour Bloch. Se distinguant de l'anamnèse passéiste, il doit au contraire transgresser l'histoire et annoncer la nouveauté en faisant revivre le passé par le biais de la mémoire active, *Eingedenken*. Walter Benjamin[82] attribuera une même fonction, révolutionnaire à la mémoire (*Eingedenken*) faisant rupture avec l'*Erlebnis*, expérience psychologique, enlisée dans le souvenir empirique (*Andenken*).

Bloch reviendra sur cette condamnation de l'hégélianisme dans des œuvres ultérieures, notamment dans *l'athéisme dans le christianisme* et dans *Experimentum Mundi*. Dans *l'athéisme dans le christianisme* (1968), il posera de nouveau l'opposition entre l'Epiphanie et l'apocalyptique, et aussi entre la pure anamnèse de la Vérité (réintériorisation, mouvement circulaire) - celle qui va de Platon à Hegel - et l'eschatologie de la Vérité, vérité intérieurement ouverte, affectée de *non-encore-être*[83]. Enfin, dans *Experimentum Mundi*, Bloch élabore les catégories de sa philosophie de l'histoire et distingue deux tendances à l'œuvre dans l'hégélianisme.

Les *Principes de la philosophie du droit* marqueraient leur opposition au projet du jeune Hegel, projet développé dans la *Phénoménologie de l'Esprit*. Cette distinction entre le jeune Hegel et la période berlinoise du philosophe se retrouvera, accentuée, chez Theodor Adorno, Max Horkheimer mais aussi chez Jürgen Habermas. Le Hegel conservateur serait celui de la *Philosophie du droit*. Ainsi : « Autant dire qu'on ne saurait plus connaître autrement que dans le souvenir, dans le mouvement rétrospectif d'une anamnèse qui ne permet ni ne rencontre de nouveau encore inaccompli, de possibilités encore en attente dans le non-encore-conscient et le non-encore-devenu du futur authentique. »[84]

NOTES

1. Cf. Karl Rosenkranz : *Hegels Leben*, Berlin, 1844.
2. Cf. Rudolp Haym : *Hegel und seine Zeit*, Berlin, 1857.
3. Cf. Wilhem Dilthey : *Die Jugendgeschichte Hegels*, Berlin, 1905.
4. Cf. Hegel : *Theologische Jugendschrifte*, Tübingen, 1907.
5. Cf. Hegel : *La raison dans l'histoire*, traduction et introduction par Kostas Papaioannou, UGE, Paris, 1965.
6. Cf. Johannes Hoffmeister : *Hegels erster Entwurf einer Philosophie des subjektiven Geistes*, in *logos* 20, 1931, p. 141-151.
7. éd. Vrin, Paris, 1980, de Robert Legros.
8. traduction Legros-Verstraeten, Paris, Vrin, 1987.
9. traduction Martin, Paris, Vrin, 1948.
10. traduction direction G. Planty-Bonjour, Paris, PUF, 1983.
11. traduction M. Méry, in *Hegel. Premières publications*, Paris, Vrin, 1951.
12. 1802, traduction Philonenko, Lecouteux, Paris, Vrin, 1988.
13. traduction Bernard Bourgeois, Paris, Vrin, 1972.
14. manuscrit édité intégralement dans l'édition Lasson en 1913 et traduit par Jacques Taminiaux, Paris, Payot, 1976.
15. Cf. *La première philosophie de l'esprit* (1803-1804), traduction et introduction Planty-Bonjour, Paris, PUF, 1969.
    Cf. *La Philosophie de l'esprit* (1805), trad. Guy Planty-Bonjour, Paris, PUF, 1982,
    Cf. *Logique et métaphysique de Iéna* (1804-1805), trad. D. Souche-Dagues, Paris, Gallimard, 1980.
    Cf. *Notes et fragments d'Iéna* (1803-1806), Aubier, 1991.
16. Cf. *La phénoménologie de l'esprit*, trad. Jean Hyppolite, Aubier, 1977, note 21, p. 14.
17. *op. cit.,* p. 16.
18. Cf. L'introduction bibliographique de Robert Legros au *Jeune Hegel* de Georg Lukács, p. 18.
19. Cf. *Hegel à Francfort*, p. 111, Paris, Vrin, 1970.
20. Cf. Arno Münster, *Figures de l'utopie dans la pensée d'Ernst Bloch*, ch. 7, p. 132, Aubier, Paris, 1985.
21. Cf. *Introduction à la lecture de Hegel* (leçons sur la phénoménologie de l'esprit), Paris, Gallimard, 1947.
22. Cf. Hermann Glockner : *Hegel*, Berlin, 1929, et *Vom Wesen der deutschen philosophie*, 1941.
23. Cf. Richard Kroner : *Von Kant bis Hegel*, Stuttgart, 1921-1924.
24. Cf. Rudolph Haym : *Hegel und seine Zeit*, Berlin, 1857.

25. Cf. Theodor Häring : *Hegel, sein Wollen und sein Werk,* Leipzig, 1929.
26. Cf *Le Jeune Hegel*, Georg Lukács, *op. cit.,* NRF, Gallimard, 1981, vol. I, p.82 sq.
27. Cf. Karl Löwith : *De Hegel à Nietzsche. Von Hegel zu Nietzsche,* F. Heiner, Hambourg, 1978.
28. *idem*, p. 182-183.
29. Pour une discussion de ces Thèses : cf. Franz Rosenzweig : *Hegel et l'Etat* (1920), PUF, Paris, 1992, et l'étude classique d'Eric Weil : *Hegel et l'Etat*, 1950.
30. Cf. Georg Lukács, p. 24, présentation par Guy Haarscher.
31. Cf. *Le Jeune Hegel, op. cit.,* p. 229.
32. Cf. *Le Jeune Hegel*, p. 104 sq, et Tome 1, p. 239. « La positivité n'apparaît [...] que comme une forme fausse (souligné par Lukács) de la réunion », forme préfigurant la réconciliation avec la réalité, *Versöhnung mit der Wirklichkeit.*
33. Cf. *Le Jeune Hegel*, Tome 2, p. 50. « La base scientifique [...] (des écrits du jeune Hegel) est constituée par l'économie politique. »
34. *Ibid*., p. 58-59.
35. *Ibid*., p. 59 et 66.
36. Cf. *Le Jeune Hegel*, Tome 2, p. 346.
37. *Ibid*., p. 349.
38. Cf. *Le Jeune Hegel*, présentation par Guy Haarscher, p. 32.
39. *Ibid*., p. 32-33.
40. *Ibid*., p. 33.
41. Cf. Marx et Engels, *Etudes philosophiques*, Paris, éditions sociales, 1968, p. 18,
et Lukács, *op. cit., p.* 193 sq
42. Cf. Arno Münster : *Figures de l'utopie dans la pensée d'Ernst Bloch,* Aubier, Paris, 1985, p 134.
43. Cf. Ernst Bloch : *Sujet-objet*. Eclaircissements sur Hegel, Gallimard, 1977, p. 47.
44. Cf. E. Bloch, *op. cit.,* p. 60.
45. Cf. E. Bloch, *op. cit.,* p. 78.
46. *Ibid*., p. 78.
47. *Ibid*., p. 122.
48. *Ibid*., p. 134-135.
49. cité par Bloch, *op. cit.,* p. 135
50. *Ibid*., p. 135.
51. *Ibid*., p. 140.
52. Cf. Ernst Bloch, *op. cit.,* p. 70.
53. *Ibid*., p. 72.
54. *Ibid*., p. 75, jeu de mot intraduisible : *die fahrende Er-fahrung.*

55. *Ibid.*, p. 77.
56. cité par Bloch, p. 38.
57. *Ibid.*, p. 37.
58. Cf. Bloch, *op. cit.*, p. 36.
59. *Ibid.*, p. 36.
60. *Ibid.*, p. 171.
61. *Ibid.*, p. 172.
62. Cf. *La phénoménologie de l'esprit*, trad. T. Hippolyte, Aubier, 1941, Paris, Tome 1, note 3, p. 289.
63. Cf. Ernst Bloch, *op. cit.*, p. 431.
64. *Ibid.*, p. 431.
65. Cf. Ernst Bloch, *op. cit.*, p. 440.
66. Cf. préface des *Principes de la philosophie du droit*, Vrin, 1982, p. 55, trad. Robert Dérathé.
67. Cf. Ernst Bloch, *op. cit.*, p. 254.
68. Cf. Hegel, préface à la *Philosophie du droit, op. cit.*, p. 57. Hegel joue sur l'étymologie puisque *rhodon* signifie rose.
69. éd. Gallimard, 1977, p. 228, traduction Anne-Marie Lang et Catherine Puion Audard.
70. éd. Gallimard, 1976, p. 16, traduction Françoise Wuilmart.
71. Cf. Bloch : *Sujet-objet, op. cit.*, p. 445-461.
72. Cf. Bloch, *op. cit.*, p. 449.
73. Cf. Bloch, *op. cit.*, p. 451.
74. *Ibid.*, p. 451.
75. *Ibid.*, p. 452.
76. *Ibid.*, p. 452.
77. Cf. Bloch, *op. cit.*, p. 453.
78. Cf. *Le Principe espérance*, Gallimard, 1976, p. 15.
79. *Ibid.*, p. 16.
80. Cf. *Le Principe espérance*, p. 341
81. Cf. Hegel, préface des *Principes de la philosophie du droit*, Vrin, 1982, p. 58-59.
82. Cf. ses *Thèses sur la philosophie de l'histoire*, 1940.
83. Cf. Bloch : *L'athéisme dans le christianisme*, traduction Eliane Kauflholz, Gérard Raulet, 1978, Gallimard, p. 75.
84. Cf. Bloch, *Experimentum mundi*, traduction Gérard Raulet, Payot, 1981, p. 119.

Annexe 2

Tikkoun et révolution chez Walter Benjamin

Chez nombre de penseurs judaïsants en général, et chez Walter Benjamin en particulier, s'opère un parallèle entre l'ordre sécularisé du changement révolutionnaire ici-bas et l'ordre cosmologique ou cosmogonique, transcendant et sacré. Entendue en ce sens, la philosophie de l'histoire est d'ordre théologique. Mais cet ordre est ouvertement revendiqué et ne se pose plus comme « théologie camouflée »[1], objet du sarcasme philosophique. Ce parallèle entre théologie et révolution se fonde sur la catégorie de *tikkoun* et permet la mise à jour d'une homologie structurelle entre le drame cosmologique, théogonique et le drame mondain historique. Le schéma de ce drame est quaternaire. Nous pouvons le synthétiser ainsi :
« 1. Il y a eu autrefois un âge d'or, qui a disparu parce que l'autorité est née.
2. Il faut revenir à cet âge d'or ; à cet effet, une révolution est désirable.
3. Une fois la révolution effectuée, il y aura une interruption générale de la vie sur la planète.
4. Après quoi, l'âge d'or reviendra. »[2]
Ce schéma quaternaire trouve une expression plus concise dans la présentation ternaire : âge d'or, chute, rédemption. Ce troisième terme, c'est le *tikkoun* ou la restitution de toute chose à l'origine ; le retour postérieur à la nostalgie de l'âge d'or, retour se substituant à la douleur. Ainsi, l'anthropogonie ou la cosmogonie font appel à la sotériologie ou à l'eschatologie. Ce schéma - de référence gnostique[3] dans ses grandes lignes - trouve une expression prononcée dans le kabbalisme lurianique[4].

Précédant la réparation-restauration (*tikkoun*), Louria suppose un double mouvement cosmologique : de rétraction et d'émanation. Selon André Chouraqui[5] : « L'acte de rétraction (*Tsimtsum*) manifeste la première Créature parfaite, l'*Adam Kadmon*, L'Homme Primordial, figure matutinale de la lumière divine, en qui se manifeste le mystère des dix *Sephirot*. La brisure des vases (*Shevirat ha kélim*) accompagne le passage du néant à l'être, l'éclosion de l'Un incréé dans le multiple visage du réel ; ainsi surgit le royaume des ténèbres, le monde des écorces (*Keliphot*) [...] » Dans cette exposition kabbalistique, l'*anthropos* se voit élevé à une dimension universelle puisqu'il exprime un *micro-cosmos,* ou encore Dieu se développe comme *macro-anthropos*. Nous apercevons tout ce qu'une telle pensée peut avoir au panthéisme ; thème récurrent des philosophies de la Renaissance. En ce sens, Gerschom Scholem peut affirmer que la « kabbale de Louria » représente « sans aucun doute la plus grande victoire que la pensée anthropomorphique ait jamais remportée dans l'histoire de la mystique juive »[6]. L'acmé tragique de cette cosmogonie repose sur la « brisure de vases » qui conduit à une diffusion de la lumière, diffusion émanative ou chute dans le multiple. Celle-ci, postérieure à la manifestation divine de l'*Adam kadmon*, instaure l'ordre catastrophique du cosmos, ou encore l'enfer, le mal. Gerschom Scholem en conclut à la nature gnostique de la tentative de Louria[7].

Cet aspect gnostique s'accompagne de détails qui offrent une architecture pouvant « être qualifiée de baroque »[8]. Par ailleurs, le baroque est une des catégories de la philosophie de l'histoire de Walter Benjamin. En opposition au symbole rationaliste, identifiant le réel et le rationnel, le baroque expose l'histoire dans toute sa nudité ; son irréconciliation primordiale. Le baroque suppose la transcendance absolue du sens, ce que révèle l'allégorie et postule donc une distance indéfinie entre la raison et l'histoire. Seule la rédemption-restauration (*tikkoun*) peut venir combler cet indéfini, négligé par le mythe symbolique, païen et naturaliste. Nul doute que cette vision baroque, dualiste dans sa nature, recèle maintes analogies avec l'essentiel de la vision gnostique du monde, au sens où l'entend Hans Jonas, à savoir comme « dualisme anticosmique et eschatologique ». Nous savons que l'amitié de Gerschom Scholem et de Walter Benjamin permit de révéler à ce dernier certaines sectes gnostiques. Peut-on de là en induire une « affinité élective » entre la kabbale de Louria et l'essai sur l'*Origine du drame baroque allemand* ? (rédigé en 1925 et édité en 1928)

Louria, quant à lui, unifie des spéculations d'ordre gnostique – l'Adam primordial, l'éparpillement des parcelles des âmes, etc., et le messianisme. Celui-ci s'exprime dans le *tikkoun*[9] qui est paradoxalement double cheminement. En effet, il « mène à la fin des choses » mais aussi « au commencement »[10]. Le *tikkoun* permet ainsi « la restauration de l'unité du nom de Dieu »[11], unité détruite par la chute. Selon Gerschom Scholem, « Louria parle des lettres YH comme étant arrachées de WH dans le nom de YHWH ». Cette spéculation kabbalistique sur le nom divin n'est, semble-t-il, pas explicitement présente chez Walter Benjamin, bien que ses analyses du langage le conduisent à une prise en considération du langage adamique[12] et à un refus concomitant du positivisme ou du conventionnalisme.

Le parallélisme entre la mystique juive et la philosophie de l'histoire n'est pas uniquement à l'œuvre chez Walter Benjamin. Il intervient dans le « messianisme sécularisé de la pensée juive libérale du XIXe siècle ». En ce sens, il est proche de l'*Aufklärung*, postule un historicisme du progrès, et diffère donc explicitement du messianisme apocalyptique de Walter Benjamin. Ce messianisme libéral est représenté par le néo-kantien Hermann Cohen, ou encore par Joseph Klausner, « historien nationaliste du messianisme »[13].

Face à ce libéralisme et à la social-démocratie, Walter Benjamin propose une philosophie de l'histoire de la discontinuité, distinguant sous forme d'abîme l'ordre mondain catastrophique et l'ordre transcendant. Lui-même appartient à l'intelligentsia juive d'Europe centrale, qui opère une synthèse entre l'histoire et la théologie, et plus précisément entre le messianisme et l'utopie. Cette synthèse se justifie par l'appel au *tikkoun*.

Nous pouvons aussi mentionner Franz Rosenzweig, Rudolph Kayser, Martin Buber, Gershom Scholem, Hans Kohn. Parmi eux, certains sont partisans d'un sionisme plus ou moins prononcé[14]. D'autres, plus proches de l'athéisme, évoluent vers le marxisme et l'anarchie : Gustav Landauer, Ernst Bloch, Eric Fromm, Ernst Toller, György Lukács, Walter Benjamin[15]. A ces acteurs essentiels, il convient d'ajouter quelques divers penseurs de moindre notoriété : William Morris, Manes Sperber, Eugène Levine, Erich Unger, Bernard Lazare.

Tous ces penseurs judaïsants hétérodoxes constituent un judaïsme souterrain ou, selon l'expression de Daniel Bensaïd, « un judaïsme marrane »[16]. Ce judaïsme non officiel ou non officialisé puise ses racines dans la mystique juive et notamment dans le prophétisme, l'esséno-christianisme ou le cabalo-hassidisme[17]. Il débouche donc sur un messianisme juif, couplé à une utopie libertaire posant l'inadéquation entre le réel et le rationnel sur la base d'un dualisme. Celui-ci, multiple, recoupe les oppositions : ici-bas, au-delà, continuité-discontinuité, progrès-rédemption (*tikkoun*), monisme-dualisme. Rappelons à ce propos la constellation constituée par Franz Rosenzweig et Walter Benjamin. Dans l'*Etoile de la rédemption* (*Stern der Erlösung*, 1921), Franz Rosenzweig développe un messianisme résolument anti-historiciste. Comme nombre de ses contemporains, c'est la première guerre mondiale[18] qui opérera chez lui une rupture dans la vision du monde qu'il s'était formé jusqu'alors. Avant la guerre, il avait, en effet, rédigé un ouvrage sur Hegel et l'Etat, sous la direction de Friedrich Meinecke. La polémique énoncée à l'encontre du néo-libéral Hermann Cohen annonce la critique parallèle et postérieure de Walter Benjamin contre l'historicisme positiviste de l'*Universalgeschichte*, ou encore la pratique politique social-démocrate.

Walter Benjamin, très proche de Franz Rosenzweig, propose une philosophie de l'histoire tardive, d'ordre messianique (cf. *Das Passagenwerk* et les *Thèses* de 1940) ; celle-ci étant esquissée dès le fragment théologico-politique (1921-1922)[19]. Walter Benjamin conclut par un appel à la restitution-réintégration de l'ordre mondain au sein de l'élément transcendant. Empruntant explicitement à la théologie chrétienne, il prône le salut comme « apocatastase »[20] ou fait encore implicitement appel au *tikkkoun*. Celui-ci y est aussi nommé *restitutio in integrum* ou *restitutio omnium*. Michael Löwy indique que ce terme de *restitutio* se trouve aussi chez Ernst Bloch ; dans l'*Esprit de l'utopie* (1918) et dans le *Thomas Münzer* (1921).

Cette restitution présente le double caractère du *tikkoun*, à savoir d'être à la fois « résurrection des morts dans le *Jugement dernier* »[21], c'est-à-dire sotériologie eschatologique, et retour [...] de toutes choses à leur première perfection »[22]. Cette ambiguïté réapparaîtra dans les *Thèses* de 1940, avec la catégorie d'apocatastase. Il est toutefois clair que Walter Benjamin oppose messianisme et temporalité historique inauthentique ; celle justement qui est enchâssée dans le présent homogène, vide mécanique et qui annonce l'ordre progressiste qui n'est qu'illusion transcendantale. Cette illusion trouve son expression achevée dans le libéralisme, mythique dans son essence renouant avec le paganisme qui posait l'adéquation entre le réel et le rationnel. Dès l'*Origine du drame baroque allemand* (1928)[23], Walter Benjamin présentait deux visions antithétiques : la symbolique, rationaliste et immanente (aboutissant au panthéisme) et l'allégorique qui revendique l'appel à la transcendance. Marqué par le romantisme[24] qui réactivait la face nocturne de la nature, Walter Benjamin dénonce tout type de réconciliation entre réalité et rationalité. Attiré par les extrêmes, Walter Benjamin peut alors relever des points de rencontre entre l'Autoritarisme et l'Anarchie[25]. En effet, tous deux considèrent le libéralisme comme un mythe « et perçoivent l'Etat d'exception comme le noyau de l'ordre politique »[26]. Finalement, le *tikkoun* réapparaît dans la figure angélique, développée dans la neuvième *Thèse* sur la philosophie de l'histoire (1940).

Bien que le terme de *tikkoun* ne soit pas explicitement mentionné, le concept y est opérant. Il était connu de Walter Benjamin, tout au moins à travers l'article *kabbala*, écrit par Gershom Scholem en 1932, pour l'*Encyclopedia judaïca*[27]. En complément du schéma ternaire, eden-chute-rédemption, déjà à l'œuvre chez Franz Rosenzweig, Walter ajoute une spéculation sur la langue universelle ou langue adamique[28], précédant la chute dans les signes conventionnels et positifs. Dans ses *Thèses* de 1940, Walter Benjamin fait sienne la formule de Karl Kraus : « l'origine est la fin »[29], annonçant par là la fondation d'une nouvelle temporalité propre à l'histoire messianique. Le *tikkoun* ne peut être qu'origine ou fin, éruption discontinue, hors du temps mécanique, homogène, newtonien, propre à l'historicisme et au positivisme. En effet, seul le *tikkoun* permet l'appréhension de l'altérité absolue face à la catastrophe mondaine. Seul il permet cette sortie hors de l'éternel retour de la catastrophe dite « progressiste ».

Ernst Bloch, philosophe de l'espérance et « théologue de la révolution » fait lui aussi figure de penseur apocalyptique, usant du concept de *tikkoun*. Cependant, Ernst Bloch reste proche de l'historicisme rationaliste et de l'hégélianisme – à l'instar de Georg Lukács – en opposition à Walter Benjamin. Dans sa monographie sur Thomas Münzer, Ernst Bloch fait appel au *tikkoun*[30]. Face au pouvoir séculier, mondain et démoniaque instauré par Luther, s'instaure la rupture messianique de Thomas Münzer, restaurateur d'*Olam-ha-tikkoun*. Recensant le courant messianique à travers l'histoire, Ernst Bloch le discerne chez les millénaristes, les kabbalistes de Safed (XVIe siècle), dans le chiliasme des anabaptistes, ou encore dans le 3e évangile de Joachim de Flore.

Cette *restitutio omnium* ou *restitutio in integrum*, expression latinisée du *tikkoun* judaïque, doit aussi faire place chez Ernst Bloch à la figuration cyclique démoniaque qui est refus de l'ouverture, refus du processus et de l'espérance, ou éternel retour de la catastrophe (Walter Benjamin). Notons toutefois qu'Ernst Bloch admet que les propriétés du réel puissent être porteuses d'avenir et qu'il reconnaît le bien-fondé d'une *docta spes*[31] par le « savoir critico-anticipateur d'une dialectique [...] alliée avec le processus objectif »[32]. Face à ce principe espérance (*Prinzip Hoffnung*), Walter Benjamin oppose le principe de la bifurcation[33] radicale, hors de la réalité historique.

NOTES

1. Cf. ainsi Schopenhauer qui décèle dans l'hégélianisme l'expression d'une « théologie camouflée ».
2. Cf. Georges Darien, Anarchistes (1904), *L'ennemi du peuple*, Paris, Champ Libre, 1972, p. 166, cité par Michael Löwy, in *Rédemption et Utopie*, Paris, PUF, 1988, p. 26.
3. Cf. Hans Jonas, *La religion gnostique.*
4. Cf. *Les grands courants de la mystique juive*, Paris, Payot, 1950, Gerschom Scholem.
5. Cf. *Histoire du judaïsme*, PUF, Paris, 1974, p. 88, André Chouraqui.
6. Cf. Gerschom Scholem, *op. cit.*, p. 286.
7. Cf. Gerschom Scholem, *op. cit.,* p.287.
8. *Ibid.*, p. 288.
9. Cf. Gerschom Scholem, *op. cit.*, p. 292.
10. *Ibid.*, p. 293.
11. *Ibid.*, p. 293.
12. Cf. Walter Benjamin, *Gesammelte Schriften II*, p. 16-35 (septembre-octobre 1912). *Über Sprache überhaupt und über die Sprache des Menschen.*
13. Cf. Michael Löwy, *op. cit.,* p. 27, et cf. *Le messianisme juif. Essais sur la spiritualité du judaïsme*, Paris, Calmann-Lévy, 1974, Gerschom Scholem.
14. Ainsi Gerschom Scholem anima-t-il la *Brit Schalom*, ou encore Martin Buber Le *Ihud.*
15. Cf. Michael Löwy, *op. cit.,* p. 36. Rappelons que Walter Benjamin se démarquait du sionisme : cf. *Gesammelte Schriften*, p. 838-839 : « Ich will mich vom Zionismus […] fernhalten ».
16. Nous empruntons l'expression à Daniel Bensaïd, *Walter Benjamin, Sentinelle messianique,* éd. Plon, 1990.
17. Cf. Michael Löwy, *op. cit.,* p. 74. Les Esséniens (IIème siècle avant J.-C, – 1er siècle après J.-C.) formaient des communautés menant une vie ascétique.
18. Michael Löwy nous rappelle (*op. cit.,* p. 75-76) : « C'est dans les tranchées du front balkanique qu'il commencera à écrire *L'Etoile de la rédemption*, qui sera achevée en 1919 » (Paris, Seuil, 1982).
19. Cf. Poésie et Révolution, Paris, Denoël, 1971, p. 150.
20. Walter Benjamin énonce la parenté entre l'Origénisme et la catégorie d'apocatastase. Celle-ci signifie « sortie hors du cosmos et retour à l'origine ». Elle apparaît aussi chez les gnostiques. Cf. Henri Charles Puech : *En quête de la gnose.*

21. Cf. Michael Löwy, *op. cit.,* p. 130.
22. *Ibid.*, p. 130.
23. Cf. *L'origine du drame baroque allemand*, Flammarion, Paris, 1985.
24. Cf. *Le concept de critique esthétique dans le romantisme allemand*, Flammarion, Paris, 1986.
25. Cf. l'intérêt porté par Walter Benjamin au juriste conservateur Carl Schmitt.
26. Cf. Michael Löwy, *op. cit.,* p. 131.
27. Notons que dans la *Correspondance*, (*Briefwechsel*, Francfort, Suhrkamp, 1980, p. 36-37), Walter Benjamin remercie Gershom Scholem pour cet article.
28. cf. *Gesammelte Schriften* II 1, p. 140-157.
29. cf. *Gesammelte Schriften* I 2, p. 701 (en exergue de la thèse n°14) *Ursprung ist des Ziel, Karl Kraus*, Worte in Versen I.
30. Cf. *Thomas Münzer, théologien de la révolution*, Paris, Julliard, 1975, p. 84 et 91.
31. Cf. Ernst Bloch, *Sujet-objet. Eclaircissements sur Hegel*, NRF Gallimard, p. 489.
32. Cf. Ernst Bloch, *Ibid.,* p. 489.
33. Ce concept est emprunté à Daniel Bensaïd, *Walter Benjamin, sentinelle messianique*, Plon, 1990.

Table des matières

Philosophie

aux éditions L'Harmattan

Dernières parutions

ALAIN BADIOU
Vivre en immortel
Vinolo Stéphane
À la différence de penseurs comme Deleuze ou Derrida, Alain Badiou est un philosophe classique, cherchant à apporter des réponses aux questions les plus anciennes de la philosophie. Pour Badiou, la philosophie n'est plus au coeur du processus de production des vérités. Toute la pensée de Badiou nous enjoint donc à cesser d'être des animaux humains pour devenir des sujets, à ne plus survivre à l'aune de nos seuls intérêts, pour vivre pleinement, c'est-à-dire, vivre enfin comme des immortels.
(Coll. Ouverture Philosophique, 20.00 euros, 196 p.)
ISBN : 978-2-343-05087-4, ISBN EBOOK : 978-2-336-36612-8

CENT MILLIONS D'ORGASMES
Essai sur la pornographie
Rubino Francesco
La pornographie sera l'un des objets les plus invasifs des réglementations morales à venir. Aux positions naïves (M. Marzano) et aux reconstructions puristes (C. MacKinnon) et relativistes (M. C. Nussbaum, L. Williams), ce «pornouvrage» oppose le sens authentique de cette anomie érotique : le sens d'un corps opprimé qui, pourtant, pornographiquement écrit (A. J. Magliacane) et se resymbolise dans un cri (P. Pat Califia) ou se désymbolise dans un fantasme (Ch. Ackerman, E. Lemoine-Luccioni).
(Coll. Ouverture Philosophique, série Arts vivants, 24.00 euros, 240 p.)
ISBN : 978-2-343-05144-4, ISBN EBOOK : 978-2-336-36662-3

COURT TRAITÉ D'ONTOLOGIE
Bouvier Pascal
Pourquoi existons-nous ? Est-ce que nous existerons après la mort ? Autant d'interrogations profondément humaines qui sont prises en charge par la philosophie. Au sein de celle-ci, une discipline spécifique se consacre à la question de l'être : l'ontologie. Elle semblait tombée en désuétude et dans l'oubli depuis les critiques sévères de certains courants philosophiques. Ce traité tente de saisir les grandes lignes de cette histoire de l'être.
(Coll. Ouverture Philosophique, 14.50 euros, 148 p.)
ISBN : 978-2-343-04094-3, ISBN EBOOK : 978-2-336-36722-4

CRITIQUE (LA) RADICALE DE L'ARGENT ET DU CAPITAL CHEZ LE DERNIER-MARX

Matériaux pour une refondation du marxisme

Bayer Philippe

Ce livre s'inscrit dans une réflexion sur la Critique radicale associée à ce qu'on peut appeler le Dernier-Marx. Ce Dernier-Marx, on peut le lire dans l'édition française du *Capital* en un repositionnement de Marx, venant problématiser sa pensée objective précédente, qui réceptionnait un donné du mode de production capitaliste pour l'interpréter comme un donné de l'histoire. À cette entreprise ruineuse pour le mouvement ouvrier, le Dernier-Marx substitue une problématique radicalement subjective à partir d'une ontologie de l'identité vitale.

(Coll. Ouverture Philosophique, 25.00 euros, 248 p.)

ISBN : 978-2-343-04705-8, ISBN EBOOK : 978-2-336-36730-9

DÉCONSTRUCTION PHÉNOMÉNOLOGIQUE ET THÉOLOGIQUE DE LA MODERNITÉ OCCIDENTALE

Awazi Mbambi Kungua Benoît

Le puissant travail de déconstruction phénoménologique et théologique de la modernité occidentale fait apparaître l'autisme épistémologique qui caractérise son horizon de la Mathesis Universalis à la base de ses productions scientifiques, techniques, athées, consuméristes et médiatiques. À travers cet ouvrage, l'auteur opère un puissant tournant prophétique, mystique et thérapeutique de la théologie négro-africaine de la libération holistique, échappant ainsi aux schèmes idéologiques et politiques des théologies occidentales frappées d'obsolescence.

(33.00 euros, 320 p.)

ISBN : 978-2-343-03719-6, ISBN EBOOK : 978-2-336-36791-0

ÉVEIL BOUDDHIQUE ET CORPORÉITÉ

Marcel Antoine

«Voir dans sa propre nature», dans le bouddhisme zen, est une expression convenue qui désigne l'éveil. Pourquoi, et comment ? Observant l'importance première donnée au corps dans la pratique méditative, la mise à l'écart de la noèse, l'auteur, s'appuyant sur les développements de la pensée phénoménologique à la suite de Maurice Merleau-Ponty, tente une investigation de l'éveil bouddhique.

(Coll. Ouverture Philosophique, 12.00 euros, 108 p.)

ISBN : 978-2-343-05191-8, ISBN EBOOK : 978-2-336-36785-9

PROBLÈME (LE) KANTIEN DE L'ÉTHIQUE

Habiter le monde

Gaudet Pascal

La philosophie critique de Kant peut être interprétée comme une éthique, qui signifie non pas seulement l'impératif de la vertu, mais l'exigence d'une réalisation du souverain Bien en l'homme et dans le monde. Ce livre montre comment la recherche d'un passage de la liberté à la nature fonde le projet d'une « habitation » du monde et permet de penser le sens éthique de la philosophie en ses domaines théorique et pratique.

(Coll. Ouverture Philosophique, 12.00 euros, 110 p.)

ISBN : 978-2-343-05328-8, ISBN EBOOK : 978-2-336-36702-6

RACINE (LA) DE LA LIBERTÉ
Urvoy François
À l'issue d'un siècle qui a vu le plus grand écrasement des hommes et des peuples et en ce début qui en prend bien le relais, les préoccupations de liberté ont pris une urgence plus grande et plus sensible. Les investigations obtiennent jusqu'ici des résultats très décevants car elles s'attachent aux moyens externes sans jamais chercher qui et surtout comment on sera en mesure de les produire et de les mettre en œuvre. Il s'agit, ici, de remonter à la racine de la question : ce qui dépend de nous, ce que nous pouvons par nous-mêmes dans un monde qui nous produit et nous conduit.
(Coll. Ouverture Philosophique, 27.00 euros, 258 p.)
ISBN : 978-2-343-03005-0, ISBN EBOOK : 978-2-336-36731-6

SYMBOLIQUE (LE) ET LE TRANSCENDANTAL
Verley Xavier
Ce livre part du différend qui a opposé Frege et Husserl à propos du psychologisme. Comment ces deux pensées tournées vers une réflexion sur l'arithmétique ont-elles pu parvenir à deux conceptions si différentes de la logique ? Il est apparu qu'il s'agissait d'évaluer l'idée de représentation qui est au cœur du problème. Ainsi, faut-il se (re)présenter pour penser ou y a-t-il la place pour une pensée symbolique et aveugle ?
(Coll. Ouverture Philosophique, 30.00 euros, 294 p.)
ISBN : 978-2-343-02833-0, ISBN EBOOK : 978-2-336-36557-2

CRITIQUE ET ÉMANCIPATION
Recherches foucaldiennes sur la culture arabe contemporaine
Beghoura Zouaoui - Préface de Jacques Poulain
Cet ouvrage utilise les pensées de Michel Foucault dans la culture arabe. Il joint à une histoire socio-politique de cette culture une critique qui vise à y établir les conditions d'une émancipation réelle, indépendante de l'actualité brûlante qui semble la rendre aujourd'hui impossible. Cette expérience de critique socio-politique développe en effet les critères d'une émancipation intellectuelle qui conditionne toute émancipation sociale.
(Coll. La philosophie en commun, 17.00 euros, 176 p.)
ISBN : 978-2-343-04092-9, ISBN EBOOK : 978-2-336-36304-2

DU FÉMINISME DANS L'ŒUVRE DE MICHEL FOUCAULT
A demain le bon sexe
Essai
Sastre Danièle
«Le sexe, disait Foucault, ça s'administre, la sexualité, ça se subit ; quant à la sensualité, elle est chaque jour à inventer.» L'auteur a voulu rouvrir le dossier, emprunter les chemins qu'il a tracés en 1976 en écrivant son Histoire de la sexualité, qui est l'histoire des discours sur la sexualité, eux-mêmes histoire des corps investis par le pouvoir.
(27.00 euros, 268 p.)
ISBN : 978-2-343-04763-8, ISBN EBOOK : 978-2-336-36305-9

GASTON BACHELARD, UNE POÉTIQUE DE LA LECTURE

Buse Ionel

L'éthique bachelardienne est une éthique simple, mais pas du tout simpliste : l'homme du théorème est complété par l'homme du poème. Mais, si l'éthique est une direction de la pensée qui doit maîtriser notre avenir, la poétique est la source ontologique de cette pensée. C'est-à-dire la liberté de rêver doit être à l'origine de la liberté créatrice de la pensée ou de l'homme des théorèmes. En fait, il ne s'agit pas d'une éthique fermée dans les modèles artificiels d'une pensée techniciste, mais toujours d'une éthique soutenue, à l'origine, par une poétique de la pensée ouverte.

(Coll. Ouverture Philosophique, 16.50 euros, 160 p.)

ISBN : 978-2-343-04292-3, ISBN EBOOK : 978-2-336-36292-2

HOMME (L') EST-IL UN ANIMAL POLITIQUE ?

Physique de la misanthropie, entre littérature et philosophie

Ainseba Tayeb

Le compartimentage disciplinaire hérité du XIXe siècle pousse à opposer les intentions esthétiques de la littérature au chemin vers la vérité que serait la philosophie. Cette opposition nie la possibilité d'une philosophie littéraire tant que, réduite à un dogme, elle n'est pas critiquée. Ce livre, plutôt que d'opposer la littérature et la philosophie, raconte ce qui les rapproche en prenant un thème qui leur est commun, celui de la misanthropie.

(30.00 euros, 298 p.)

ISBN : 978-2-343-04870-3, ISBN EBOOK : 978-2-336-36346-2

LOGIQUE ET RHÉTORIQUE SELON CHAÏM PERELMAN

ou le jugement partagé – L'éloquence de la raison

Melcer Jean-François

Des trois volets de l'oeuvre de Chaïm Perelman – la philosophie du droit, l'éthique et la logique – le troisième est le moins connu. Les précédents tomes de *L'éloquence de la raison* ont mis l'accent sur les deux premiers. Il s'agit, à présent, d'expliciter les conditions épistémologiques de possibilité de la nouvelle rhétorique, conçue comme logique argumentative, non comme technologie persuasive.

(Coll. Ouverture Philosophique, 31.00 euros, 304 p.)

ISBN : 978-2-343-04209-1, ISBN EBOOK : 978-2-336-36286-1

MERLEAU-PONTY - FREUD ET LES PSYCHANALYSTES

Le Baut Hervé

Le parcours de Maurice Merleau-Ponty ne peut se comprendre sans le fil rouge de la Psychanalyse : dès sa thèse, il restaure le primat de la perception et du corps sexué à la lumière de Freud et de Binswanger. A la Sorbonne, il renouvelle la Psychologie de l'enfant en y intégrant M. Klein, J. Lacan et F. Dolto. Au Collège de France plusieurs cours font des rêves et de la libido une dimension inéluctable de l'humain. De nombreux psychanalystes et psychiatres se sont « laissés interroger par lui « : citons : H. Ey, A. Hesnard, P. Fédida, A. Green, J. Laplanche, J.-B. Pontalis, Luce Irigaray...

(Coll. Ouverture Philosophique, 24.00 euros, 296 p.)

ISBN : 978-2-343-04080-6, ISBN EBOOK : 978-2-336-36381-3

L'HARMATTAN ITALIA
Via Degli Artisti 15; 10124 Torino

L'HARMATTAN HONGRIE
Könyvesbolt ; Kossuth L. u. 14-16
1053 Budapest

L'HARMATTAN KINSHASA
185, avenue Nyangwe
Commune de Lingwala
Kinshasa, R.D. Congo
(00243) 998697603 ou (00243) 999229662

L'HARMATTAN CONGO
67, av. E. P. Lumumba
Bât. – Congo Pharmacie (Bib. Nat.)
BP2874 Brazzaville
harmattan.congo@yahoo.fr

L'HARMATTAN GUINÉE
Almamya Rue KA 028, en face
du restaurant Le Cèdre
OKB agency BP 3470 Conakry
(00224) 657 20 85 08 / 664 28 91 96
harmattanguinee@yahoo.fr

L'HARMATTAN MALI
Rue 73, Porte 536, Niamakoro,
Cité Unicef, Bamako
Tél. 00 (223) 20205724 / +(223) 76378082
poudiougopaul@yahoo.fr
pp.harmattan@gmail.com

L'HARMATTAN CAMEROUN
BP 11486
Face à la SNI, immeuble Don Bosco
Yaoundé
(00237) 99 76 61 66
harmattancam@yahoo.fr

L'HARMATTAN CÔTE D'IVOIRE
Résidence Karl / cité des arts
Abidjan-Cocody 03 BP 1588 Abidjan 03
(00225) 05 77 87 31
etien_nda@yahoo.fr

L'HARMATTAN BURKINA
Penou Achille Some
Ouagadougou
(+226) 70 26 88 27

L'HARMATTAN SÉNÉGAL
10 VDN en face Mermoz, après le pont de Fann
BP 45034 Dakar Fann
33 825 98 58 / 33 860 9858
senharmattan@gmail.com / senlibraire@gmail.com
www.harmattansenegal.com

L'HARMATTAN BÉNIN
ISOR-BENIN
01 BP 359 COTONOU-RP
Quartier Gbèdjromèdé,
Rue Agbélenco, Lot 1247 I
Tél : 00 229 21 32 53 79
christian_dablaka123@yahoo.fr

650950 - Avril 2016
Achevé d'imprimer par

1livre.com
du rêve à la réalité !